四书五经

卷二

[春秋] 孔子 等著
李楠 编译

易经

上经

乾卦第一

☰ 乾上
☰ 乾下

乾①：元亨利贞。②

初九　潜龙，勿用。③

九二　见龙在田，利见大人。④

九三　君子终日乾乾，夕惕若，厉无咎。⑤

九四　或跃在渊，无咎。⑥

九五　飞龙在天，利见大人。⑦

上九　亢龙，有悔。⑧

用九　见群龙无首，吉。⑨

【注释】

①乾：卦名，下卦、上卦皆为乾，象征天，其性刚健，具有阳刚、健美之德。②元亨：大吉。元，大，始；亨，亨通，顺利。利贞：利于占筮。贞，占筮，卜问。对『元』『亨』『利』『贞』四字的解释，历来注家多有分歧，但以《周易正义》所引《子夏传》的『四德』之说和《左传·襄公九年》穆姜所叙最为流行，兹录于后，以供参考。《周易正义》：「《子夏传》云：「元，始也；亨，通也；利，和也；贞，正也。」言此卦之德有纯阳之性，自然能以阳气始生万物，而得元

始、亨通，能使物性和谐各有其利，又能使物坚固贞正得终。"《左传·襄公九年》："姜曰'……元，体之长也；亨，嘉之会也；利，义之和也；贞，事之干也。体仁足以长人，嘉德足以合礼，利物足以和义，贞固足以干事。'"又，《象辞传》和《文言传》阐发"四德"之义最为详尽，亦可参考。不过这些解释都与原意相去甚远，正确的解释应该到卦辞爻辞之中去寻求。③初九：《易经》六十四卦各由六爻构成，其位序自下而上，名曰初、二、三、四、五、上。初即一，上即六。又，《易经》占筮用九、六之数，九表阳，六表阴，所以凡阳爻皆称九，凡阴爻皆称六。本爻位居卦中第一位，所以称初；为阳爻，所以称九。龙：中国古人想象中的刚健而美善的神异动物，是崇奉的四灵即麟、凤、龟、龙之一。有角、有须、有爪、有鳞、兼具飞禽、走兽、鱼虾、蟒蛇的多种特征；能三栖，即既能潜伏于深渊，又能驰骋于陆地，还能飞腾于天空。其鳞有八十一片，是为九九之数，象征阳。此种德性正与乾卦德性相合，所以乾卦诸爻均取象于龙。勿：不要，不可。用：才用，才能。④见：出现，发现。田：指垄亩大众之间。大人：有大德大才之人。⑤君子：指德高之人。乾乾：乾而又乾，即健行不息。惕：戒惧警惕，小心谨慎。若：助词，无义。厉：危险。咎：灾祸。⑥或：虚指代词，指代对象不确定，仅表有，或者有人或者有时，这里是有时的意思。⑦见：这里是发现的意思。⑧亢：极，甚。悔：困厄。⑨用九：《易经》占筮，凡筮得阳爻，其数或为七或为九，而九可变、七不变，所以筮法用九不用七；而若筮得六爻皆为九时，便以"用九"爻辞占断。群龙：指六个阳爻。首：头，首领。此爻是所谓"有象无位"之爻。

【译文】

乾卦 象征天。筮得此卦大吉大利，有利于占筮。

初九 巨龙潜伏在深渊，暂时不宜施展才能。

九二 巨龙出现在田野，有利于大德大才之人出世。

九三 君子终日健行不息，时刻戒惕警惧，这样，即使遇到危险，也能免遭灾祸。

九四 巨龙伺机而动，有时腾跃上进，有时退处深渊。

九五 巨龙飞上云天，利于发现大德大才之人。

上九 巨龙飞行至极顶，必遭困厄。

用九 天空出现一群巨龙，但都不以首领自居，则大吉大利。

坤卦第二

坤上
坤下

坤：元亨，利牝马之贞。君子有攸往，先迷后得主，利。西南得朋，东北丧朋。安贞，吉。

初六 履霜，坚冰至。②

六二 直、方、大，不习，无不利。③

六三 含章可贞。或从王事，无成，有终。④

六四 括囊，无咎，无誉。⑤

六五 黄裳元吉。⑥

上六 龙战于野，其血玄黄。⑦

用六 利永贞。⑧

【注释】

①坤：卦名，下卦、上卦皆为坤，象征地，其性柔顺，具有阴柔、宽厚之德。元亨，利牝马之贞：元亨，前途极为亨通、顺利。牝马，雌马。牝马生性柔顺，所以坤卦取象牝马，借以象征一切阴性事物。贞，这里是征兆的意思。君子有攸往，先迷后得主：攸，所。往，前进，即有所作为或有所举动。迷，茫然。主，所要寻求的对象或所要达到的目标。西南得朋，东北丧朋：从文王后天八卦方位看，西方是坤卦和兑卦的卦位，南方是巽卦和离卦的卦位，此四卦同属阴卦，所以说坤在『西南得朋』。而东方是艮卦和震卦的卦位，北方是乾卦和坎卦的卦位，此四卦同属阳卦，所以说坤在『东北丧朋』。②履：踏。霜：这里是以薄霜象征阴气初起，预示严寒将至。③直、方、大：直，纵向无边。方，横向无涯。大，幅员辽阔无垠。此句是说地之德宽厚、博大。习：修习，见习。④含章：指六三爻虽然为阴爻，但是由于居于阳位，所以内含阳刚之美而不轻易显露。章，文采绚丽，色彩彰美。或从王事，无成，有终：此句是承上，展示『含章可贞』的具体情状，体现了坤顺乾的本质特征。王，指乾，指天。⑤括囊：束紧袋子口。括，束，扎；囊，口袋。⑥黄裳：黄色裙裤。黄，黄色。黄色居『五色』之『中』，象征中道；裳，下服。中国古代服装上称衣，下称裳。六五爻以柔居上卦之中，其德谦下，处尊而谦和，能以中和之道居臣职，所以有阴阳二气交合的『龙战』之象。⑦龙战：指阴阳交合。龙，喻阳刚之气；战，接。上六阴气至盛，阴极阳来而阴气未消，所以有阴阳二气交合的『龙战』之象。玄黄：即『泫潢』，水流涌状。《文选·思玄赋》：『水泫泫而涌涛。』《楚辞·九叹》：『扬流波之潢潢。』《诗经·召南·卷耳》：『陟彼高岗，我马玄黄。』可见『玄黄』即『泫潢』，乃一状流水之词。旧注多据《文言传》解为『黑而黄』，皆误。⑧用六：《易经》占筮，凡得阴爻，其数或为六或为八，而六可变、八不变，所以用六不用八；

【译文】

坤卦 象征地。筮得此卦大吉大利，尤其利于占问阴性之事。君子出行，筮得此卦，先则迷失方向，继则寻得所要追求的目标，既顺利又不顺利。宜往西南，勿往东北，因为往西南能够遇到志同道合的人，而往东北则遇不到志同道合的人。如果占问是否平安，筮得此卦必获吉祥。

初六 天降薄霜，预示严寒将至。

六二 柔顺之德，纵向无边，横向无涯，宽厚而博大。只要具备这种美德，即使不加修习，有所举动也无所不利。

六三 蕴含彰美的阳刚之德，占问之事均可去做。有时辅佐君王大业，起初无所建树，最后则克尽臣职，得到好的结果。

六四 束紧囊口，可以免遭灾祸，但是不会获得美誉。

六五 穿着黄色裙裳，大吉大利。

上六 巨龙在田野里厮杀，血流成河。

用六 筮得此卦，利于占问长远之吉凶。

屯卦第三

☵ 坎上
☳ 震下

屯①：元亨，利贞。勿用有攸往，利建侯。②

初九 磐桓，利居贞，利建侯。③

而若筮得六爻皆为六时，便以『用六』爻辞占断。永贞：占问长期之吉凶。永，久长。

六二　屯如邅如，乘马班如，匪寇婚媾，女子贞不字，十年乃字。④

六三　即鹿无虞，惟入林中；君子几，不如舍，往吝。⑤

六四　乘马班如，求婚媾，往吉，无不利。

九五　屯其膏。小，贞吉；大，贞凶。⑥

上六　乘马班如，泣血涟如。⑦

【注释】

①屯：卦名，下震上坎，象征初生。《序卦传》：「屯者，物之始生也。」②勿用：不宜。用，宜，应。建侯：授爵封侯。③磐桓：即「盘桓」，徘徊慎行。居：居处，住所。④屯如邅如：难行不进的样子。屯，聚。邅，转。如，样子。班：众多。匪：通「非」。不字：不嫁人。字，古代礼仪，女子订婚后即用簪子插住发髻，这里引申为许嫁。⑤即鹿无虞：追鹿而无虞人做向导。即，追逐。虞，虞人，古代管理山林之官。几：求。舍：舍弃。吝：艰难。⑥膏：油脂，这里指肥肉。小、大：指少量和大量。⑦泣血：指无声痛哭。涟如：泪水不断的样子。

【译文】

屯卦　象征初生。筮得此卦大吉大利，所以有利于占筮。不宜出行，但有利于授爵封侯。

初九　徘徊流连，难于前行，但是对于占问居处之事者有利，也有利于授爵封侯。

六二　初次出行，徘徊难进。乘马的人纷纷而来，但来者不是贼寇而是求婚者；女子占问婚嫁之事，筮得此爻，可知再过十年才宜嫁人。

六三 追捕山鹿没有虞人做向导，结果误入茫茫林海之中。在这种情况下，君子与其继续追逐，不如舍弃不追；如果一意前往追逐，必将遭遇艰难。

六四 乘马的人纷纷而来，欲求婚配，前往必获吉祥，无所不利。

九五 囤积肥肉。若少量囤积，占问则吉祥；而若大量囤积，占问则有凶险。

上六 乘马的人纷纷而来，却因女方竟无感应，而落得泪水涟涟，伤心而归。

蒙卦第四

☶ 艮上
☵ 坎下

蒙① 亨，匪我求童蒙，童蒙求我。初筮告，再三渎，渎则不告。利贞。②

初六 发蒙，利用刑人，用说桎梏，以往吝。③

九二 包蒙，吉。纳妇，吉；子克家。④

六三 勿用取女，见金夫，不有躬，无攸利。⑤

六四 困蒙，吝。⑥

六五 童蒙，吉。

上九 击蒙，不利为寇，利御寇。⑦

【注释】

①蒙：卦名，下坎上艮，象征童蒙。《序卦传》：『物之生必蒙。蒙者，蒙也，物之稚也。』②童蒙：年幼无知之人。蒙，

蒙昧。初筮：第一次占筮。告：告诉，这里指告诉吉凶。再三：这里承前省略了一个『筮』字，所以『再三』即『再三筮』，意为接二连三地占筮。再，第二次。渎：亵渎。③发蒙：启发蒙昧之人。刑人：树立榜样教育人。刑，通『型』，这里用作动词，指以典型、范例教人。说：通『脱』。桎梏：古代刑具名。加于足者称桎，加于手者称梏。说桎梏，意为免于犯下罪恶。以：而。④包蒙：即『包于蒙』，意为被蒙昧者所包围、环绕。包，包围。纳妇：迎娶媳妇。子克家：子有家室。⑤取：通『娶』。金夫：美称，指美貌郎君。不有躬：不顾自身体统，即自失其身。⑥困：困扰。⑦击：攻击，引申为惊醒。不利：不适宜。为寇：以之为贼寇。御：防御，抵御。这里指和缓的方式。

【译文】

蒙卦　象征童蒙。不是我有求于年幼无知的人，而是年幼无知的人有求于我。初次前来占筮，告诉他吉凶；接二连三地占筮，便是对占筮的轻侮和亵渎，如此，则不再告诉吉凶。筮得此卦，无论做什么都有利。

初六　启发愚昧无知的人，以增进其智慧，宜于树立楷模，以启发人，使人避免犯下罪过；如果智慧初开就急于有所作为，行动将非常艰难。

九二　被愚昧无知的人所包围、缠绕，有时未必不是好事。迎娶贤淑女子为妻，吉祥；连儿辈也会有家室。

六三　不宜娶这个女人为妻，因为这时她眼中所见的只是美貌郎君，遇到这样的男人她就会自失其身，这种婚姻有害无益。

六四　被年幼无知的人所困扰，终究要遭遇艰难。

六五　年幼无知的人正受启发，必获吉祥。

上九　惊醒愚昧无知的人，不宜采用攻击性的暴烈行动，而宜采用防御性的和缓行动。

需卦第五

☵ 坎上
☰ 乾下

需①：有孚，光亨，贞吉。利涉大川。②

初九　需于郊，利用恒，无咎。③

九二　需于沙，小有言，终吉。④

九三　需于泥，致寇至。⑤

六四　需于血，出自穴。⑥

九五　需于酒食，贞吉。⑦

上六　入于穴，有不速之客三人来，敬之，终吉。⑧

【注释】

① 需：卦名，下乾上坎。象征等待。《周易正义》："需者，待也。" ② 孚：诚信。光：光明。涉：涉越。大川：大江大河。③ 郊：城邑之外。恒：这里指恒心。④ 沙：沙滩。小：少。言：指口舌是非。⑤ 致：招致。⑥ 血：血泊。出…离开。穴…山洞，这里比喻险境。⑦ 酒食：这里指酒宴。⑧ 入…落入。不速之客：未经邀请而来的客人。速，邀请。

【译文】

需卦　象征等待。心怀诚信，光明亨通，占得此卦则必获吉祥。利于涉越大河巨流。

讼卦第六

☰ 乾上
☵ 坎下

讼①：有孚，窒惕，中吉；终凶。利见大人，不利涉大川。②

初六 不永所事，小有言；终吉。③

九二 不克讼，归而逋，其邑人三百户无眚。④

六三 食旧德，贞厉，终吉。或从王事，无成。⑤

九四 不克讼，复即命，渝，安贞吉。⑥

九五 讼，元吉。⑦

上九 或锡之鞶带，终朝三褫之。⑧

初九 在郊野中等待，宜于持之以恒，如此，必无灾祸。

九二 在沙滩上等待，能够减少口舌是非，最终可获吉祥。

九三 在泥泞中等待，会招致贼寇到来。

六四 在血泊中等待。

九五 在酒食宴亨中等待，能从险境中脱出。

上六 落入险境，有三个不速之客来访，只要以礼敬之，最终将获吉祥。

【注释】

① 讼：卦名，下坎上乾，象征争讼。《说文解字》："讼，争也。"② 窒惕：追悔警惧。窒，悔。中不偏。终：指一直争讼不止。③ 不永所事：不为争讼之事纠缠不休。永，久长。④ 不克讼：争讼失利。克，胜。归而逋逃亡，逃避。邑：封地，即古代所谓的"国"。三百户之邑是小国。眚：灾祸。⑤ 食：享受。旧德：指旧有的俸禄。厉：危险。⑥ 复即命：回心归于正理。复，反，反悔。命，天命。渝：变，这里指改变初衷。⑦ 讼：这里指"决讼"，即审断讼案。⑧ 或：偶或。锡：通"赐"。鞶：大带。古代根据官阶颁赐的腰带。终朝：终日，一天。褫：剥夺。

【译文】

讼卦象征争讼。心怀诚信，追悔警惧，持守中和之道而不偏不倚可获吉祥；而始终强争不息则有凶险。有利于大德大才之人出世，却不宜于涉越大河巨流。

初六　不为争讼之事纠缠不休，因为应当减少口舌是非，筮得此爻，最终可获吉祥。

九二　争讼失利，返回之后就应当逃避，逃到三百户的小邑便无灾祸。

六三　安享旧日俸禄，占筮虽有危险，但最终可获吉祥。有时辅佐君王大业，则无所建树。

九四　争讼失利，回心归于正理，改变争讼初衷，则平安无事，占筮可获吉祥。

九五　审断争讼，判明是非曲直，大吉大利。

上九　有时由于决讼清明而荣获颁赐的显贵华服，但一天之内却会多次被剥夺，预示宠荣难保久长。

师卦第七

☷ 坤上
☵ 坎下

师①：贞，丈人吉，无咎。②

初六 师出以律，否臧凶。③

九二 在师中，吉，无咎；王三锡命。④

六三 师或舆尸，凶。⑤

六四 师左次，无咎。⑥

六五 田有禽，利执言，无咎。长子帅师，弟子舆尸，贞凶。⑦

上六 大君有命，开国承家，小人勿用。⑧

【注释】

①师：卦名，下坎上坤，象征兵众或军队。《周易集解》："何晏曰：'师者，军旅之名。'"②丈人：贤明长者，这里指军事统帅。③律：号令，军纪。否：不。臧：善，这里是遵守的意思。④在：统率。中：中正。王三锡命：君王多次颁布嘉奖诏令奖赏其功。锡，通"赐"。命，诏书。⑤舆尸：以车载运尸体，比喻兵败。舆，大车；这里用作状语，表示工具、手段。⑥左次：驻扎在左方。次，驻扎。古人尚右，居左有撤退之势。⑦禽：泛指禽兽。执：捕捉。言：通"焉"。弟子：次子。⑧大君：君王，天子。有命：降下诏命，论功封爵。开国：封诸侯，开创千乘之国，诸侯封地。承家：授大夫，承袭百乘之家。承，承袭。家，大夫封地。小人勿用：意为要用君子，不要用小人。

【译文】

师卦 象征军旅。筮得此卦，对于军事统师率师出征非常吉利，必无灾祸。

初六 军队出征，必须遵依号令行事；军纪败坏，必有凶险。

九二 统率军队出征打败，持守中道，不偏不倚，可获吉祥，必无灾祸；君王多次颁布诏命，奖赏其功。

六三 士卒不时用大车载运尸体归来，必有凶险。

六四 军队驻扎在左方，随时准备撤退，可以免遭灾祸。

六五 田野有禽兽出没，宜于捕猎，没有灾祸。长子率师征战，次子用大车载尸，占问必有凶险。

上六 天子颁布诏命，论功封爵，封诸侯于千乘之国，授大夫以百乘之家；要重用君子，不要重用小人。

比卦第八

☷ 坎上
☷ 坤下

比① 吉。原筮，元永贞，无咎；不宁方来，后夫凶。②

初六 有孚，比之无咎。有孚盈缶，终来有它，吉。③

六二 比之自内，贞吉。④

六三 比之匪人。⑤

六四 外比之，贞吉。⑥

九五 显比。王用三驱，失前禽。邑人不诫，吉。⑦

上六 比之无首，凶。⑧

【注释】

①比：卦名，下坤上坎，象征辅佐。《说文解字》：「比，密也……」②原筮：旧筮。原，追寻。元……「亨」字，所以『元』即『元亨』，意为大吉大利。永贞：占问长期之吉凶。不宁方来：不安宁的事可并行而至。方，多方。后……迟来者。夫……语气词，无义。③有孚比之：有诚信之心者前来辅佐。孚，诚信；比，辅佐。盈缶：美酒装满酒缸。盈，满。缶，大肚小口，用来盛酒的瓦器。终来有它：最终会发生意外情况。④自内：来自内部。⑤匪：通『非』。⑥外比之：在外辅佐，如大将出征、大臣出使等。⑦显比：光明正大的辅佐。显，显明。王用三驱：君王用三驱之礼狩猎。三驱，三面驱围，网开一面，这是天子田猎之礼。失：逃走。禽：泛指禽兽。诚：惧怕。⑧无首：没有首领，即找不到君王。

【译文】

比卦 象征辅佐。筮得此卦吉祥。古人当年筮遇此卦，大吉大利，有利于占问长久之事。不安宁的事也会并行而至，缓缓来迟者必有凶险。

初六 胸怀诚信之心前来辅佐，没有灾祸。假若诚信之意如美酒盈缸，最后纵然发生意外情况，仍然吉祥。

六二 辅佐来自内部，筮得此爻则可获吉祥。

六三 所辅佐的人并非应当辅佐者。

六四 在外辅佐君王，筮得此爻可获吉祥。

九五 光明正大地辅佐。君王狩猎，三方驱围，网开一面，任凭前方的禽兽逃逸，邑人并不惧怕，吉祥。

上六 辅佐而找不到君王，必有凶险。

小畜卦第九

☴ 巽上
☰ 乾下

小畜①：亨。密云不雨，自我西郊。②

初九 复自道，何其咎？吉。③

九二 牵复，吉。④

九三 舆说辐，夫妻反目。⑤

六四 有孚，血去惕出，无咎。⑥

九五 有孚挛如，富以其邻。⑦

上九 既雨既处，尚德载，妇贞厉。月几望，君子征凶。⑧

【注释】

①小畜：卦名，下乾上巽，象征小有蓄积。小，少。畜，通『蓄』。②自我西郊：密云从我邑西郊升起。③复自道：自复其道，即自己复返本身的道行。复，返。道，性质。④牵：牵连。⑤舆：大车。说：通『脱』。辐：古代车子上连接车身与车轴的部件。反目：怒目相视，形容关系不和。⑥血去惕出：抛弃忧虑，排除惊恐。血，通『恤』，忧虑。惕，恢惕，惊恐。⑦挛：牵系，系恋。如……样子。富以其邻：与邻人同富。以，与。⑧既雨既处：天已降雨，雨已停息。处，止。尚德载：还可以运载。德，通『得』。几望：即既望，古代历法，每月十六日为『既望』。征：出征。

【译文】

小畜卦 象征小有蓄积。筮得此卦亨通顺利。浓云密布却不降雨,云气从我邑西郊升起。

初九 复归自身的道行,会有什么灾祸呢?筮得此爻吉祥。

九二 被外界牵连而复归自身道行,也能获得吉祥。

九三 车身与车辐相脱离,夫妻反目为仇而离异。

六四 只要胸怀诚信之心,抛弃忧虑,排除惊惧,必无灾祸。

九五 胸怀诚信并系恋他人,与邻人共同殷实富有。

上九 天上已经降下大雨,大雨也已经停息,这辆车子还可以运载东西,妇人筮得此爻必有危险。君子在月内既望之日出征,必有凶险。

履卦第十

☰ 乾上
☱ 兑下

初九 素履,往无咎。②

九二 履道坦坦,幽人贞吉。③

六三 眇能视,跛能履,履虎尾,咥人,凶;武人为于大君。④

九四 履虎尾,愬愬终吉。⑤

九五　夬履，贞厉。⑥

上九　视履考祥，其旋元吉。⑦

【注释】

①履：这里有二义：一为卦名，下兑上乾，象征谨慎行事。但未以卦名形式出现，而是出现在卦辞里。二为卦辞的一部分意，意为践或踏。咥：咬。②素：质朴无华。履：这里是谨慎行事的意思。③幽人：安适恬淡之人。④眇：目盲，即有眼不能视。武人：勇武之人。为：作为，引申为效命。大君：君王，天子。⑤愬愬：恐惧的样子。⑥夬：果决。厉：危险。⑦视：回顾。考：考察。祥：这里指吉凶祸福的征兆。旋：返。

【译文】

履卦　象征谨慎行事。行走时不慎踩住了老虎尾巴，老虎却不咬人，亨通顺利。

初九　衣着质朴无华，谨慎行事，无论做什么事都没有灾祸。

九二　在宽阔平坦的大道上谨慎行走，安适恬淡之人占问可获吉祥。

六三　目盲偏要观察，足跛偏要行走，结果踩住了老虎尾巴，老虎就咬起人来，占问必有凶险；勇武之人为天子效命。

九四　行走时不慎踩了老虎尾巴，但能保持戒惧警惕，终可获得吉祥。

九五　决然前行，不顾一切，占得此爻有危险。

上九　回顾谨慎行事的历程，从中考察吉凶祸福，看到吉兆返身而回，大吉大利。

泰卦第十一

☷ 坤上
☰ 乾下

泰①：小往大来，吉，亨。②

初九 拔茅茹以其汇，贞吉。③

九二 包荒，用冯河，不遐遗，朋亡，得尚于中行。④

九三 无平不陂，无往不复，艰贞，无咎。勿恤其孚，于食有福。⑤

六四 翩翩，不富以其邻，不戒以孚。⑥

六五 帝乙归妹以祉，元吉。⑦

上六 城复于隍，勿用师，自邑告命，贞吝。⑧

【注释】

① 泰：卦名，下乾上坤，象征通泰。《序卦传》：『泰者，通也。』② 小往大来：把渺小的庸人斥去，将高尚的贤人召来。③ 茹以其汇：意为草根牵连其同类。茹，草根。以，与。汇，类。④ 包：包容。荒：大川。冯：通『凭』，涉越。不遐遗：不因偏远而遗弃。遐，远。朋亡：不要结党营私。朋，同道，同党。亡，通『无』，音义同。得尚于中行：能辅佐德行持中的君王。尚，辅助。中行，德行持中不偏。此指六五爻。⑤ 陂：山边、水旁倾斜之处。艰贞：占问患难之事。勿恤其孚：不必忧虑复返。恤，忧。孚，返回。于食有福：有口福之吉。⑥ 翩翩：鸟疾飞的样子。这里形容，比喻人举止轻浮。戒：告诫。孚：诚信。⑦ 帝乙归妹：帝乙嫁女。帝乙，商代帝王，一说为成汤，一说为纣王之父。归，女子嫁人。妹，少女。

以祉：以之祉，意为因此而得福。以，因。之，代『帝乙归妹』。祉，福。⑧城复于隍：城墙倾倒在城壕之中。复，覆。隍，城下沟壕。勿用师：不可出兵征战。师，军队。告命：祷告天命。告，祈请。吝：艰难，困难。

【译文】

泰卦　象征通泰。淘汰渺小的庸人，进用高尚的贤人，吉祥，亨通顺利。

初九　拔除茅草而牵连其同类，兴兵征战可获吉祥。

九二　有包容大川之胸怀，可以涉越巨流，偏远之地也无所遗忘，不结党营私，就能够辅佐持中不偏的君王。

九三　没有只平直而不倾斜之地，也没有只出行而不复返之人；占问患难之事，没有灾祸。不为复返而忧虑，则有口福之吉。

六四　往来翩翩，举止轻浮，不与其邻人共同富有，也不怀诚信之念相互告诫。

六五　帝乙嫁女，因此而获得福泽，大吉大利。

上六　城墙倾倒在城河之中，不可兴兵征战。在城邑中祈请天命，占问必有艰难之兆。

否卦第十二

☰ 乾上
☷ 坤下

否之匪人，不利君子贞；大往小来。①

初六　拔茅茹以其汇，贞吉，亨。②

六二　包承，小人吉；大人否，亨。③

六三 包羞。④

九四 有命,无咎,畴离祉。⑤

九五 休否,大人吉。其亡其亡,系于苞桑。⑥

上九 倾否,先否后喜。⑦

【注释】

①否：这里有二义：一为卦名，下坤上乾，象征闭塞。但未以卦名形式出现，而是出现在卦辞里。二为卦辞的一部分。匪人：非人，即不得其人。大往小来：见泰卦注②，含义正好与『小往大来』相反。②茹以其汇：见泰卦注③。③包承：被包容并顺承尊者。否：不。④包羞：被包容而居下，终致羞辱。⑤命：君命。畴：众人。离：归附。祉：福。⑥休否：行将灭亡。系于苞桑：系在根扎得很深的桑树上。苞，丰，多。⑦倾否：开通闭塞。倾，倾覆，引申为『开通』。

【译文】

否卦 阻隔的不是应该阻隔之人，筮得此卦不利于君子，因为此时进用的是渺小的庸人，淘汰的是高尚的贤人。

初六 拔除茅草而牵连其同类，占问必获吉祥，亨通顺利。

六二 被包容并顺承尊者，小人可以获得吉祥；大德大才之人反其道而行之，才会亨通顺利。

六三 被包容而居下，终将招致羞辱。

九四 君王颁布诏命，必无灾祸，还会因众人前来归附而得享福禄。

九五 闭塞休止，大德大才之人筮得此爻可获吉祥。将要灭亡啊，将要灭亡！但是如果把自己拴在根扎得很深

上九 开通闭塞，只要闭塞过去，喜庆必将到来。

同人卦第十三

☲ 乾上
离下

同人于野，亨。利涉大川，利君子贞。①

初九 同人于门，无咎。②

六二 同人于宗，吝。③

九三 伏戎于莽，升其高陵，三岁不兴。④

九四 乘其墉，弗克攻，吉。⑤

九五 同人，先号咷而后笑，大师克相遇。⑥

上九 同人于郊，无悔。⑦

【注释】

①同人：这里有二义：一为卦名，下离上乾，象征人事和同。但未以卦名形式出现，而是出现在卦辞里。二为卦辞的一部分。同：和同，和谐。野：原野，这里特指郊外的旷野。②于门：于门外。③宗：宗族之人。④伏戎于莽：预设伏兵于林莽之中。伏，埋伏。戎，军队。莽，林丛。升：登上。岁：年。兴：指兴兵征战。⑤乘其墉：攻占城墙。乘，登上即攻占。墉，城墙。弗克攻：自行退下不能进攻。克，能。⑥号咷：大声痛哭。大师：大军。师，军队。克：取胜。⑦悔：困厄。

[译文]

同人卦　象征人事和同。在旷野之中与人和同亲近，亨通顺利。有利于涉越大川巨流，有利于君子占问。

初九　刚刚走出大门就能与人亲近和同，必无灾祸。

六二　与宗族内部的人亲近和同，行事必然艰难。

九三　在林莽之中预设伏兵，并登上高陵观察形势，三年也不敢兴兵出战。

九四　先高据城头之上，又自行退兵而不进攻，也可以获得吉祥。

九五　与人和同亲近，起先失声痛哭，而后又放声大笑，原来是大军出征告捷，各路兵马相遇会师，同庆胜利。

上九　在城邑郊外与人亲近和同，不会遭遇困厄。

大有卦第十四

☰ 离上
☰ 乾下

大有①：元亨。

初九　无交害，匪咎；艰则无咎。②

九二　大车以载，有攸往，无咎。

九三　公用亨于天子，小人弗克。③

九四　匪其彭，无咎。④

六五　厥孚交如，威如，吉。⑤

上九　自天佑之，吉无不利。⑥

【注释】

①大有：卦名，下乾上离，象征富有。②无交害：未涉及利害。③公用亨于天子：公侯向天子进献贡品。亨，通"享"，这里指向天子进献的贡品。克：能。④彭：盛大。⑤厥孚交如：用其诚信接交上下。厥，其。威：威严。⑥佑：佑助，保佑。

【译文】

大有卦　象征富有。年丰人富，亨通顺利。

初九　与人交往而不涉及利害，自然不会招致灾祸；或者历经艰辛，也能免遭灾祸。

九二　用大车运载资财，无论运往何处，都没有灾祸。

九三　王公按时向天子进献贡品，小人做不到这一点。

九四　富有过人而不自骄，则无灾祸。

六五　胸怀诚信交接上下，威严自显，可获吉祥。

上九　从天上降下佑助，吉祥而无所不利。

谦卦第十五

乾上
艮下

谦①：亨，君子有终。②

初六　谦谦君子，用涉大川，吉。③

【注释】

①谦：卦名，下艮上乾，象征谦虚。②亨：指以谦虚的态度接物待人，可致亨通。有终：自始至终保持谦虚之德。③谦谦：谦而又谦，即非常谦虚。④鸣谦：谦虚之名闻于外界。⑤劳谦：有功而不骄。⑥㧑谦：发挥谦虚之德。㧑，裂，引申为发挥。⑦利用侵伐：宜用讨伐。⑧行师：兴兵征战。

【译文】

谦卦象征谦虚。只要谦虚地待人接物，行事必然亨通顺利；而只有君子才能自始至终保持谦虚美德。

初六 凡君子都是谦而又谦，君子凭着这种谦虚美德可以涉越大川巨流，并获吉祥。

六二 谦虚美名传扬在外，占问必获吉祥。

九三 有功而不骄，君子若能自始至终保持这种美德，必获吉祥。

六四 发扬光大谦虚美德，行事便无所不利。

六五 不与邻国共同富有，邻国必来掠夺，我国出兵征伐，将无所不利。

豫卦第十六

☷☳ 震上
　　坤下

豫①：利建侯、行师。②

初六　鸣豫，凶。③

六二　介于石，不终日，贞吉。④

六三　盱豫，悔；迟，有悔。⑤

九四　由豫，大有得；勿疑，朋盍簪。⑥

六五　贞疾，恒不死。⑦

上六　冥豫，成有渝，无咎。⑧

【注释】

① 豫：卦名，下坤上震，象征欢乐。② 建侯：授爵封侯。行师：兴兵征战。③ 鸣豫：以喜逸豫、好欢乐而闻名于外。④ 介于石：比磐石还坚贞。介，中正坚定。于，比。不终日：不待终日。⑤ 盱：张目，形容媚上之相。迟：迟疑不决。⑥ 由：从，借助，依赖。盍簪：合拢，合聚。盍，合。簪，古代用来束绾头发的首饰，这里引申为昏乱、盲目。渝：改变。

上六　谦虚美名传扬在外，利于兴兵征战、讨伐四方小国。

【译文】

豫卦　象征欢乐。利于授爵封侯、兴兵征战。

初六　因喜好欢乐而闻名，将有凶险。

六二　德行坚贞超过磐石，不待一天终了就悟出过分欢乐之患，占问必获吉祥。

六三　媚眼向上以求荣宠之乐，必遭困厄；如果行事总是迟疑疑疑，也会陷入困境。

九四　众人依靠一人而得到欢乐，将大有所获，坦直不疑，朋友会像头发绾于簪上一样聚合相从。

六五　占问疫病的吉凶，筮得此爻预示着长久健康，而不会很快死亡。

上六　虽然已经养成盲目纵情作乐的恶习，而若能及早改正，仍无灾祸。

随卦第十七

☱ 兑上
☳ 震下

随① ：元亨，利贞，无咎。

初九　官有渝，贞吉，出门交有功。②

六二　系小子，失丈夫。

六三　系丈夫，失小子。随有求，得，利居贞。④

九四　随有获，贞凶。有孚在道，以明，何咎？⑤

九五　孚于嘉，吉。⑥

上六　拘系之，乃从维之，王用亨于西山。⑦

【注释】

① 随：卦名，下震上兑，象征追随。② 官：通『馆』，馆舍。渝：改变。交：与人交往。③ 系小子：倾心依从小人。系，系属，引申为倾心为所求。居：居住。⑤ 有孚在道：有诚信之心而又能持守正道。孚，诚信。以明：以光明正大立身。⑥ 孚于嘉：施诚信给美善者。嘉，美善。⑦ 拘系：囚禁。从维：释放。从，即『纵』。维，绳索。用：以，因此。亨：祭享。亨，通『享』。西山：岐山，在周之镐京西，故称西山。这里讲的是周文王的故事。

【译文】

随卦　象征追随。大为亨通，有利于占问，没有灾祸。

初九　馆舍发生变化，占问可获吉祥，出门与人交往必能成功。

六二　倾心依附柔顺的小人，就会失去刚大的丈夫。

六三　倾心依附刚大的丈夫，就能摆脱柔顺的小人。追随别人，有求必得，有利于占问居处之事。

九四　追随别人而有所获，占问却有凶险。但心怀诚信并持守正道，为人又光明正大，还会有什么灾祸呢？

九五　把诚信施予美善之人，可获吉祥。

上六　先遭到拘禁，后获得释放，君王因此得以在西山享受祭祀。

蛊卦第十八

☶ 艮上
☴ 巽下

蛊①：元亨，利涉大川。先甲三日，后甲三日。②

初六　干父之蛊，有子，考无咎，厉，终吉。③

九二　干母之蛊，不可贞。④

九三　干父之蛊，小有悔，无大咎。

六四　裕父之蛊，往见吝。⑤

六五　干父之蛊，用誉。⑥

上九　不事王侯，高尚其事。⑦

【注释】

①蛊：卦名，下巽上艮，象征救弊治乱。蛊，本义为腹中之虫，这里引申为蛊惑。②先甲三日，后甲三日：古代用甲、乙、丙、丁、戊、己、庚、辛、壬、癸十天干循环纪日，甲前三日指辛日、壬日、癸日三日，甲后三日指乙日、丙日、丁日三日，加上甲日，计七日。古代习俗，周人卜七日，殷人卜十日（旬）。③干：匡正，纠正。蛊：这里是过失的意思。考：父亲或亡父。④贞：正，引申为干涉。古代礼制，儿子不可干涉母亲的闺房之事，所以说『不可贞』。⑤裕：这里是宽容、姑息的意思。⑥用：以，因此。誉：称誉。⑦高尚其事：即以专心治家为高尚之事。高尚，动词，以……为高尚。其事，指专心治家，与『事王侯』相对。

【译文】

蛊卦 象征拯弊治乱。大为亨通，有利于涉越大川巨流。经过七日的观察与思考，最终也会知道应该怎么去做。

初六 匡正父辈的过失，有了这样的儿子，父辈则可避免灾祸，即使有危险，最终也会获得吉祥。

九二 匡正母辈的过失，但不可干涉母亲的闺房之事。

九三 匡正父辈的过失，虽然会遭受小的困厄，但是没有太大的灾祸。

六四 姑息父辈的过失，有所举动必定遭遇艰难。

六五 匡正父辈的过失，会因此受到称誉。

上九 不为王侯效命，专心治家，这是高尚的事情。

临卦第十九

☷ 坤上
☱ 兑下

临① ：元亨，利贞。至于八月有凶。

初九 咸临，贞吉。

九二 咸临，吉无不利。②

六三 甘临，无攸利。既忧之，无咎。③

六四 至临，无咎。④

六五 知临，大君之宜，吉。⑤

【注释】

① 临：卦名，下兑上坤，象征临察。② 咸临：胸怀感化之心亲临下民。咸，通『感』。③ 甘：甜蜜，这里指甜言蜜语。④ 至：亲自。⑤ 知：通『智』。⑥ 敦：温柔敦厚。

【译文】

临卦：大为亨通，有利于占问。但是到了八月将有凶险。

初九 胸怀感化之心下临百姓，占问则可获吉祥。

九二 胸怀感化之心下临百姓，必获吉祥，无所不利。

六三 只凭甜言蜜语下临百姓，没有什么好处。但在对自己的过失感到忧惧之后能加以改正，没有灾祸。

六四 亲自下临百姓，则无灾祸。

六五 下临百姓，凭着聪明睿智体察民情，并且知道自己身为天子应当做什么，必获吉祥。

上六 敦厚宽仁地下临百姓，必获吉祥，没有灾祸。

观卦第二十

䷓ 巽上
坤下

观①：盥而不荐，有孚颙若。②

初六 童观，小人无咎，君子吝。③

六二 窥观，利女贞。④

六三 观我生，进退。⑤

六四 观国之光，利用宾于王。⑥

九五 观我生，君子无咎。

上九 观其生，君子无咎。⑦

【注释】

①观：卦名，下坤上巽，象征瞻仰。②盥：古代举行祭祀大典时临祭洗手称为盥。荐：进献，指进献酒食以祭祖先和神灵。孚：通『俘』。颙：大，这里指身躯高大。若：语助词，无义。③童：幼童。这里用作状语，意为像幼童一样。观：考察。④窥：即『窥』，暗中偷看。⑤生：古代既称百官为生，也称庶民为生。进退：指如何施政。⑥用宾于王：以宾客的身份朝见君王。⑦其：彼，指代他国。

【译文】

观卦 象征瞻仰。祭祀之前仅洗手以自洁，并不进献酒食祭品，因为有个身躯高大的俘虏作为人牲。

初六 像幼童一样瞻仰景物，小人没有灾祸，君子则行事艰难。

六二 暗中偷偷地瞻仰盛景，有利于女子占问。

六三 考察同姓之国的民情，可以知道如何施政。

六四 考察国家的光辉政绩和风俗，宜于先以宾客身份朝见君王。

九五 考察同姓之国的民情，君子可以免遭灾祸。

上九 考察异姓之国的民情，君子可以免遭灾祸。

噬嗑卦第二十一

☲ 离上
☳ 震下

噬嗑① 亨，利用狱。②

初九 屦校灭趾，无咎。③

六二 噬肤灭鼻，无咎。④

六三 噬腊肉，遇毒，小吝，无咎。⑤

九四 噬乾胏，得金矢，利艰贞，吉。⑥

六五 噬乾肉，得黄金，贞厉，无咎。

上九 何校灭耳，凶。⑦

【注释】

①噬嗑：卦名，下震上离，象征刑罚。噬嗑的本义为咬合。②狱：刑狱。③屦：即履，足。这里用作动词，意为加在脚上。校：木制刑具。灭：伤。趾：脚趾。④肤：皮肤。⑤腊肉：这里意为像腊肉那样难嚼的东西。⑥乾胏：带骨的肉脯。乾，干。得金矢：咬出黄铜来。金，即铜。下文『黄金』同此。⑦何：通『荷』，承受。灭：伤，割。

【译文】

噬嗑卦　象征刑罚。亨通顺利，利于施用刑罚。

初九　脚戴木枷，枷伤脚趾，没有灾祸。

六二　像咬柔软的皮肤一样容易用刑，即使枷伤罪犯的鼻子，也不会有什么灾祸。

六三　施用刑罚惩罚犯人，像咬干肉一样困难，甚至还中了毒，也只会小有不适，并无大的灾祸。

九四　施用刑罚惩罚犯人，像咬带骨的肉一样困难，具有铜矢刚正之气，利于占问艰难之事，可获吉祥。

六五　施用刑罚惩罚犯人，像咬肉干一样困难，却具有黄铜矢一般刚正之气，占问虽然有危险之兆，也不会有什么灾祸。

上九　施用刑罚惩罚犯人，给他肩上戴上木枷而伤了他的耳朵，必有凶险。

贲卦第二十二

☲ 艮上
☲ 离下

初九　贲其趾，舍车而徒。②

六二　贲其须。③

九三　贲如，濡如，永贞吉。④

六四　贲如皤如，白马翰如，匪寇，婚媾。⑤

六五 贲于丘园，束帛戋戋，吝，终吉。⑥

上九 白贲，无咎。⑦

【注释】

①贲：卦名，下离上艮，象征文饰。贲的本义为修饰。②徒：徒步。③须：胡须。④濡：润色。⑤皤：白。翰：白。⑥丘园：家园。帛：丝织品的总称。戋戋：少，细微。⑦白贲：用白色装饰。

【译文】

贲卦 象征文饰。亨通顺利，有所举动可获小利。

初九 修饰其脚趾，弃车徒步而行。

六二 修饰尊长的美须。

九三 修饰之后再加以润色，占问长久之事可获吉祥。

六四 有人乘马而来，其马修饰得那么素净雅致，那么纯洁无瑕，表明来者不是贼寇，而是求婚的佳偶。

六五 修饰自己的家园，虽然只有一束丝帛，持家比较艰难，但是最终将获吉祥。

上九 用白色装饰，必无灾祸。

剥卦第二十三

䷖ 艮上
坤下

剥① 不利有攸往。

初六 剥床以足，蔑；贞凶。②

六二 剥床以辨，蔑；贞凶。③

六三 剥之，无咎。

六四 剥床以肤，凶。④

六五 贯鱼以宫人宠，无不利。⑤

上九 硕果不食，君子得舆，小人剥庐。⑥

【注释】

①剥：卦名，下坤上艮，象征剥落。②足：床腿。蔑：灭，伤。③辨：床头。④肤：床身。⑤贯鱼以宫人宠：受宠爱的宫人如鱼依次而入。贯，个个相随，不得逾越。宫人，宫中妃嫔。以，引。⑥舆：大车。庐：房舍。

【译文】

剥卦 象征剥落。不宜有所举动。

初六 剥蚀大床而先损及床腿，床腿一定会受到伤害，占问必有凶险。

六二 剥蚀大床已经损及床头，床头一定会受到伤害，占问必有凶险。

六三 虽然处在剥蚀之中，却没有什么灾祸。

六四 剥蚀大床已经损及床身，事态十分凶险。

六五 引导宫中妃嫔鱼贯而入承受君主的宠幸，无所不利。

复卦第二十四

☷ 坤上
☳ 震下

复①，亨，出入无疾，朋来无咎，反复其道，七日来复，利有攸往。②

初九 不远复，无祗悔，元吉。③

六二 休复，吉。④

六三 频复，厉，无咎。⑤

六四 中行独复。⑥

六五 敦复，无悔。⑦

上六 迷复，凶，有灾眚；用行师，终有大败，以其国君，凶，至于十年不克征。⑧

【注释】

①复：卦名，下震上坤，象征复归。②反复其道：返转复归于一定的规则。道，法则，规律。七日来复：周初以月亮盈亏纪日，每月四期，每期七日。『七日』在这里象征转化迅速。③不远复：行而不远即复归。祗悔：大的悔恨。祗，大。④休：喜。⑤频：频繁。⑥中行独复：居中行正，独自返回。⑦敦：敦厚诚信。⑧迷复：误入迷途而寻求返回。灾眚：灾祸。眚，过错。行师：兴兵征战。以：及。克：能。

上九 果实硕大却未被摘食，君子摘食，将会得到大车运载；小人摘食，房屋将会被拆毁。

【译文】

复卦 象征复归。亨通顺利，或出或入都无疾病，朋友前来也无灾祸，沿着一定的规则返转复归，只需七日就是一个来回，利于有所举动。

初九 行而不远就适时复返，不会有大的悔恨，大吉大利。

六二 高高兴兴地复返，必获吉祥。

六三 频繁地复返，必有危险，但还不至于有什么灾祸。

六四 居中行正，独自复返。

六五 敦厚诚信地复返，不会遭遇困厄。

上六 误入歧途又不知复返，必遭凶险，会有灾祸，兴兵征战，最终将会大败，并危及君王，前景非常凶险，以至于十年之内不能再兴兵征战。

无妄卦第二十五

☰ 乾上
☳ 震下

无妄① 元亨，利贞。其匪正有眚，不利有攸往。②

初九 无妄，往吉。

六二 不耕获，不菑畬，则利有攸往。③

六三 无妄之灾，或系之牛，行人之得，邑人之灾。④

九四　可贞，无咎。

九五　无妄之疾，勿药有喜。⑤

上九　无妄行，有眚，无攸利。

【注释】

①无妄：卦名，下震上乾，象征不妄为。②其匪正有眚：不持守正道则有灾异。匪，非，不。正，指正道。眚，灾祸。③菑：初垦的瘠田。这里用作动词，意为开垦。畲：熟田。④无妄之灾：意想不到的灾祸。或：有人。系：拴。行人之得：路人顺手牵走据为己有。邑人之灾：邑中人家遭受缉捕之类横祸。⑤勿药：不加治疗。药，用作动词，治疗。有喜：古人称病愈为有喜。

【译文】

无妄卦　象征不妄为。大吉大利，有利于占问；不持守正道则有灾祸，不宜有所举动。

初九　不妄为，有所作为必获吉祥。

六二　不耕耘而收获，不垦荒而有良田耕种，则有利于有所举动。

六三　遭遇到意想不到的灾祸，有人在这里拴了一头耕牛，路人顺手把它牵走据为己有，邑中人家将遭受缉捕的横祸。

九四　可以占问，没有灾祸。

九五　罹患意想不到的疾病，但无须治疗便会自行痊愈。

上九　不妄为，行事却有灾祸，自然得不到什么好处。

大畜卦第二十六

☶ 艮上
☰ 乾下

大畜①：利贞。不家食，吉。利涉大川。②

初九　有厉，利已。③

九二　舆说輹。④

九三　良马逐，利艰贞。日闲舆卫，利有攸往。⑤

六四　童牛之牿，元吉。⑥

六五　豶豕之牙，吉。⑦

上九　何天之衢，亨。⑧

【注释】

①大畜：卦名，下乾上艮，象征大有积蓄。畜，蓄。②不家食：不求食于家，而食禄于朝。③已：停止。④舆：大车。说：通"脱"。輹：车轴。⑤逐：奔驰。闲：练习。卫：防止。⑥童牛：无角小牛。牿：牛角上束的横木。⑦豶豕之牙：把小猪拴在木桩上以防止它跑掉。豶，小猪。牙，木桩。⑧何天之衢：何其畅达的通天之路。衢，四通八达的道路。

【译文】

大畜卦　象征大有积蓄。有利于占问。不求食于家，而食禄于朝，必获吉祥。宜于涉越大川巨流。

初九　有危险，宜于暂时停止前行。

颐卦第二十七

䷚ 艮上
震下

颐①：贞吉。观颐，自求口实。②

上九 何其畅通的通天大道！亨通顺利。

六五 把小猪拴在木桩上以防止它跑掉，可获吉祥。

六四 在无角小牛头上拴一根横木，最为吉祥。

九三 骏马在奔驰，利于占问艰难之事，终日练习车马防卫技能，宜于有所举动。

九二 车身与车轴分离。

初九 舍尔灵龟，观我朵颐，凶。③

六二 颠颐，拂经于丘颐，征凶。④

六三 拂颐，贞凶，十年勿用，无攸利。⑤

六四 颠颐，吉。虎视眈眈，其欲逐逐，无咎。⑥

六五 拂经，居贞，吉。不可涉大川。

上九 由颐，厉，吉，利涉大川。

【注释】

①颐：卦名，下震上艮，象征颐养。颐，腮部。②口食：食物。③尔：你。灵龟：指卜得的龟兆。古人认为，龟不

【译文】

颐卦 象征颐养。占问则必获吉祥。观察事物的颐养现象，应当明白颐养之道是自谋口中食物。

初九 舍弃你卜得的龟兆，而看观我隆起的两腮，必有凶险。

六二 两腮不停地颠动，违逆事理，向高处寻求颐养，兴兵征战必有凶险。

六三 违逆颐养之道，占问则有凶险。像猛虎那样双目圆睁注视一切，急欲不断地得到食物，必无灾祸。

六四 两腮不停地颠动，可获吉祥。

六五 虽然违逆事理，但是占问居处之事，可获吉祥；只是不可涉越大川巨流。

上九 从两腮看，虽有危险，但仍会获得吉祥，利于涉越大川巨流。

大过卦第二十八

☱ 兑上
☴ 巽下

大过①：栋桡，利有攸往，亨。②

初六 藉用白茅，无咎。③

九二 枯杨生稊，老夫得其女妻，无不利。④

食而能长寿，是神物，所以用它的甲行卜，并称之为灵龟。朵颐：隆起的两腮。④颠颐：两腮不停地颠动。拂经：颠倒事理。拂逆经，常理。于丘颐：向高丘上索取颐养。颐，这里是颐养的意思。征：兴兵征战。⑤拂颐：违背颐养之道。⑥逐逐：急切地追求。

九三 栋桡,凶。

九四 栋隆,吉。有它,吝。

九五 枯杨生华,老妇得其士夫,无咎,无誉。⑥

上六 过涉灭顶,凶,无咎。

【注释】

①大过:卦名,下巽上兑,象征大有过错。②栋桡:大梁弯曲。桡,通『挠』,弯曲。③藉:铺垫。④稊:树木新生的枝条和嫩芽。女妻:少妻。女,少女。妻,动词,以……为妻。⑤隆:隆起。它:指意外情况。⑥华:花。士夫:少夫。

【译文】

大过卦 象征大有过错。大梁弯曲,利于有所举动,亨通顺利。

初六 用洁白的茅草铺地以陈放祭品,没有什么灾祸。

九二 枯槁的杨树发出嫩芽新枝,年迈的老汉娶了个年轻的娇妻,无所不利。

九三 大梁弯曲,必有凶险。

九四 大梁隆起,可获吉祥。但是如果发生意外情况,行事必然艰难。

九五 枯槁的杨树开出新花,年迈的老太婆嫁了个年轻的美丈夫,虽然没有什么灾祸,但是也得不到称誉。

上六 盲目涉水过河,大水淹没了头顶,虽有凶险,但最后会遇救而没有什么灾祸。

坎卦第二十九

☵ 坎上
☵ 坎下

习坎①有孚维心，亨，行有尚。②

初六 习坎，入于坎窞，凶。③

九二 坎有险，求小得。④

六三 来之坎，坎险且枕，入于坎窞，勿用。⑤

六四 樽酒，簋贰，用缶，纳约自牖，终无咎。⑥

九五 坎不盈，祗既平，无咎。⑦

上六 系用徽纆，置于丛棘，三岁不得，凶。⑧

【注释】

①坎：这里有二义：一为卦名，下坎上坎，象征重重险难。二为卦辞的一部分。坎，意思是险、陷。习坎：即重坎。习，重复。②孚：诚信。维：维系。尚：通「赏」。③入于坎窞：落入陷穴深处。窞，深坑。④坎有险：陷穴中有凶险。⑤来之坎：来去都处在陷穴之间。坎险且枕：陷穴既险又深。枕：通「沈」，深。⑥樽酒：一樽薄酒。簋贰：两簋淡食。簋，古代盛谷物的竹器。缶：瓦器。纳约自牖：通过窗口接收信约。牖，窗。⑦祗：通「坻」，小丘。⑧系用徽纆：用绳索捆绑。徽纆，绳索。

【译文】

坎卦 象征重重险难。具有诚信之德且能维系于心,亨通顺利,行事必获奖赏。

初六 面临重重险难,又落入陷穴深处,必有凶险。

九二 在陷穴中遭遇险难,从小处谋求脱险必能得逞。

六三 来来去去都处在险难之中,陷穴既险且深,一旦落入陷穴深处,暂时不宜施展才能。

六四 把一樽薄酒、两筐淡食用瓦罐盛起来,并通过窗口接收信约,最终不会有什么灾祸。

九五 陷穴尚未满盈,小丘却已经铲平,没有灾祸。

上六 用绳索把犯人捆绑起来,并囚禁于荆棘丛中,三年不予解脱,必有凶险。

离卦第三十

☲ 离上
☲ 离下

离① :利贞,亨。畜牝牛,吉。②

初九 履错然,敬之,无咎。③

六二 黄离,元吉。④

九三 日昃之离,不鼓缶而歌,则大耋之嗟,凶。⑤

九四 突如其来如,焚如,死如,弃如。⑥

六五 出涕沱若,戚嗟若,吉。⑦

上九 王用出征，有嘉折首，获匪其丑，无咎。⑧

【注释】

①离，卦名，下离上离，象征附丽。丽，附着。②牝牛：母牛。牝，雌性的。③错然：敬慎、郑重的样子。④黄离：黄色附着于物体。⑤日昃之离：日将落而附丽于西天。昃，太阳偏西。大耋之嗟：老暮穷衰之嗟叹。⑥突如其来如：指不肖之子返家。突，古代称逐出家门之子为突。⑦沱若：大水滂沱的样子，形容泪流满面或泪如雨降。若，样子。戚：忧伤。⑧折：折服，治服。首：首领。匪：非。丑：同类，随从。

【译文】

离卦 有利于占问，亨通顺利。畜养母牛，必获吉祥。

初九 办事举动谨慎，态度恭敬，必无灾祸。

六二 黄色附着于物体，大吉大利。

九三 太阳将要落山，垂垂悬附在西天，若不击瓦盆而歌，将有老暮穷衰之叹，必有凶险。

九四 不孝之子返回家中，家人将他焚烧、治死、抛弃。

六五 洒下的泪水如大雨滂沱，忧伤嗟叹，但终将获得吉祥。

上九 君王用兵出征，下令嘉奖制服敌首之人；即使未能捕获其同伙，也没有什么灾祸。

下经

咸卦第三十一

☷ 兑上
☶ 艮下

咸①：亨，利贞。取女，吉。②

初六 咸其拇。③

六二 咸其腓，凶；居吉。④

九三 咸其股，执其随，往吝。⑤

九四 贞吉，悔亡；憧憧往来，朋从尔思。⑥

九五 咸其脢，无悔。⑦

上六 咸其辅颊舌。⑧

【注释】

①咸：卦名，下艮上兑，象征感应。咸，通『感』。②取女：即娶女为妻。取，通『娶』。③拇：脚大趾。④腓：小腿肚。居：居家不出。⑤股：大腿。执随：这里是执迷、盲从的意思。随，追随他人。⑥悔亡：从困境中解脱出来。悔，困厄，这里指困境。亡，通『无』，消失。憧憧：心意不定、思绪不绝的样子。从：顺依。尔：你。思：意向，想法。⑦脢：脊背。⑧辅：牙床。颊：面颊。

【译文】

咸卦 象征感应。亨通顺利,有利于占问。娶此女为妻,可获吉祥。

初六 交相感应在脚的大趾,它因势而动。

六二 交相感应在小腿肚,会有凶险;但如果居家不出,则可获吉祥。

九三 交相感应在大腿,执迷盲从追随他人,有所举动则会遭遇艰难。

九四 占问可获吉祥,困厄将会消亡;即使心意不定、思绪不绝,朋友最终也会顺依你的想法。

九五 交相感应在脊背,则不会遭遇困厄。

上六 交相感应在面颊和口舌,彼此关系非常和谐。

恒卦第三十二

☳ 震上
☴ 巽下

恒① 亨,无咎。利贞,利有攸往。

初六 浚恒,贞凶,无攸利。②

九二 悔亡。

九三 不恒其德,或承之羞,贞吝。③

九四 田无禽。④

六五 恒其德,贞妇人,吉;夫子,凶。⑤

[注释]

① 恒：卦名，下巽上震，象征恒久。② 浚：深，久。③ 承：承受，蒙受。羞：耻辱。④ 田：田猎，即打猎。禽：泛指禽兽。⑤ 夫子：男人。⑥ 振：振动不安，变化无常。这里指不能持恒守德。

[译文]

恒卦 象征恒久。亨通顺利，没有灾祸，利于占问，利于有所举动。

初六 有所追求，持续时间过于长久，占问必有凶险，没有什么好处。

九二 筮得此爻，困厄将会消亡。

九三 不能长久地保持美德，有时会蒙受耻辱，占问遇到此爻行事艰难。

九四 打猎没有捕获禽兽。

六五 长久地保持美德，占问妇人之事可获吉祥，而占问男人之事则有凶险。

上六 振动不安，变化无常，不能持恒守德，必有凶险。

遁卦第三十三

☰ 乾上
☶ 艮下

遁①：亨，小利贞。

初六 遁尾，厉，勿用有攸往。②

六二　执之用黄牛之革，莫之胜说。③

九三　系遯，有疾，厉；畜臣妾，吉。④

九四　好遯，君子吉，小人否。⑤

九五　嘉遯，贞吉。⑥

上九　肥遯，无不利。⑦

【注释】

①遯：卦名，下艮上乾，象征退避。遯，通『遁』，退隐。②尾：末尾，意为退避不及而落在后边。勿用：暂不施展才能。③执：缚。革：皮。说：通『脱』。④系遯：心中有所系恋，而迟迟不能退避。畜：畜养。臣：臣仆。妾：侍妾。⑤好遯：指心怀恋情而身已退避。⑥嘉：指适时而行，时机嘉美。⑦肥：通『蜚』，即飞。

【译文】

遯卦　象征退避。亨通顺利，占问遇到此卦有小利。

初六　退避不及，落在后边，必有凶险，暂时不宜有所举动，施展才能。

六二　被黄牛皮绳捆绑，没有人能够解脱。

九三　心中有所系恋，迟迟不能适时退避，将会染上疾患，必有危险；而畜养臣仆和侍妾，则可获吉祥。

九四　虽然心怀恋情，却能适时退避，这唯有君子才能做到，而小人则做不到，所以占问遇到此爻对君子吉利，对小人则不吉利。

大壮卦第三十四

☰ 震上
☰ 乾下

大壮①：利贞。

九五 选择最佳时机，及时退避，占问可获吉祥。

上九 高飞远走，彻底退避，无所不利。

初九 壮于趾，征凶；有孚。②

九二 贞吉。

九三 小人用壮，君子用罔：贞厉，羝羊触藩，羸其角。③

九四 贞吉，悔亡，藩决不羸，壮于大舆之輹。④

六五 丧羊于易，无悔。⑤

上六 羝羊触藩，不能退，不能遂，无攸利，艰则吉。⑥

【注释】

①大壮：卦名，下乾上震，象征刚大盛壮。②趾：脚趾。孚：诚信。③小人用壮，君子用罔：小人凭盛壮以逞刚强，君子则盛壮而不用。罔，无，不。羝羊触藩，羸其角：公羊强抵藩篱，羊角必然绳索缠绕。羝羊，公羊。羸，大绳索。④輹：辐。⑤易：通「场」，田边。⑥遂：进。

【译文】

大壮卦 象征刚大盛壮。利于占问。

初九 脚趾盛壮,出征必有凶险;此时应当以诚信自持。

九二 占问遇到此爻,可获吉祥。

九三 小人凭盛壮以逞刚强,而君子虽盛壮却不妄用;占问必有危险,像公羊强牴藩篱,其角必然被绳索缠绕。

九四 占问遇到此爻可获吉祥,困厄将自行消亡,犹如藩篱牴开了裂口而羊角却不被缠绕,又似大车轮辐坚固而耐用。

六五 在田边丢了羊,不会遭遇困厄。

上六 公羊牴触藩篱,既不能后退,也不能前进,没有什么好处,预示经受艰苦磨难可获吉祥。

晋卦第三十五

离上
坤下

晋① 晋:康侯用锡马蕃庶,昼日三接。②

初六 晋如,摧如,贞吉。罔孚,裕无咎。③

六二 晋如,愁如,贞吉,受兹介福于其王母。④

六三 众允,悔亡。⑤

九四 晋如鼫鼠，贞厉。⑥

六五 悔亡，失得勿恤，往吉，无不利。⑦

上九 晋其角，维用伐邑，厉吉，无咎，贞吝。⑧

【注释】

①晋：卦名，下坤上离，象征进长。晋，进。②康侯用锡马蕃庶：尊贵的公侯得到天子赏赐的车马众多。康，这里是尊贵的意思。侯，这里泛指有爵位者。锡，通『赐』。马，这里指车马。蕃，通『繁』，众多。庶，众多。③摧：阻。罔孚：不能取信于人。罔，不。孚，诚信。裕：宽容。④受兹介福于其王母：从祖母那里承受宏大的福泽。介，大。王母，祖母。⑤允：信任。⑥鼫鼠：大鼠，又称五技鼠，这里比喻身无专技。⑦恤：忧虑。⑧角：兽角，这里比喻进长至极。维：语气词，无义。用：宜。

【译文】

晋卦 象征进长。尊贵的公侯得到天子赏赐的众多车马，并在一天之内蒙受三次接见。

初六 进长一开始就受到阻碍，但是占问却能获得吉祥。不能取信于人，只要宽容待人则无灾祸。

六二 进长之时忧心忡忡，占问可获吉祥，将要从祖母那里承受宏大的福泽。

六三 获得众人的信任，困厄将会消亡。

九四 进长如大鼠无一技之长，占问必有危险。

六五 困厄消亡，无须再为得失而忧虑，有所举动必获吉祥，无所不利。

上九，进长至极，如高居兽角角尖，宜于征伐别国以建功立业，即使有些危险而最终可获吉祥，不会遭遇灾祸；但是由于进长已至极顶，占问遇到此爻则不无艰难。

明夷卦第三十六

☷ 坤上
☲ 离下

明夷①：利艰贞。

初九 明夷于飞，垂其翼；君子于行，三日不食，有攸往，主人有言。②

六二 明夷，夷于左股，用拯马壮，吉。③

九三 明夷，于南狩，得其大首，不可疾贞。④

六四 入于左腹，获明夷之心，于出门庭。⑤

六五 箕子之明夷，利贞。⑥

上六 不明，晦。初登于天，后入于地。⑦

【注释】

①明夷：卦名，下离上坤，象征光明受损。明，光明，这里指太阳。夷，伤。明夷即日蚀。②明夷于飞，垂其翼：这是以鸟飞为喻，说明光明受损的情状，意为光明受损，有如鸟飞时低垂着翅膀，仓皇疾行。主人有言：受到主人责备。③用拯马壮：用强壮的良马拯济伤损。④南：南郊。首：古人称四蹄皆白之马为首，俗称踏雪。疾：病。⑤入：退腹：腹地。获：获知。心：指内中情状。于：于是。⑥箕子：殷商纣王之叔父，贤臣，因进谏而遭纣王囚禁，遂佯

[译文]

明夷卦 象征光明受损。利于占问艰难之事。

初九 光明受到伤损时有如飞鸟低垂着翅膀，仓皇疾行；又如君子匆忙出行，三天没有饭吃，一旦向他人乞食，便遭主人责备。

六二 光明受到伤损，伤及左边大腿，若用强壮的良马拯济伤损，可获吉祥。

九三 光明受到伤损时到南郊狩猎，却得到一匹白蹄马，象征此爻不可占问疾病之事。

六四 退处左方腹地，察知光明受到伤损的内中情状，于是毅然出门远行。

六五 若能像箕子被囚而伴狂自保，占问则有利。

上六 天空晦暗不明，起初登临天上，最终坠落地下。

家人卦第三十七

☴ 巽上
☲ 离下

家人①：利女贞。

初九 闲有家，悔亡。②

六二 无攸遂，在中馈，贞吉。③

九三 家人嗃嗃，悔，厉，吉；妇子嘻嘻，终吝。④

六四　富家，大吉。

九五　王假有家，勿恤，吉。⑤

上九　有孚威如，终吉。⑥

【注释】

①家人：卦名，下离上巽，象征一个家庭。②闲：防备。③遂：成。馈：主持炊事。④嗃嗃：严厉斥责之声，比喻治家严厉。⑤假：到。恤：忧虑。⑥孚：诚信。威：威严。

【译文】

家人卦　象征一个家庭。有利于女人占问。

初九　持家能够预防不测之灾，困厄将会消亡。

六二　事功无所成，在家主持炊事，占问可获吉祥。

九三　家人经常受到家长严厉训斥，处境艰难而危险，如此反而会激励举家戒惧勤勉，从而获得吉祥；而妇人孩子终日嬉闹调笑，不加管束，最终必然导致持家艰难。

六四　家人共同增富其家，大吉大利。

九五　君王驾临其家，无须忧虑，因为可获吉祥。

上九　心存诚信，威严持家，最终必获吉祥。

睽卦第三十八

☲ 离上
☱ 兑下

睽①：小事吉。

初九 悔亡。丧马勿逐，自复。见恶人，无咎。②

九二 遇主于巷，无咎。

六三 见舆曳，其牛掣，其人天且劓。无初，有终。③

九四 睽孤遇元夫，交孚，厉，无咎。④

六五 悔亡。厥宗噬肤，往何咎？⑤

上九 睽孤见豕负涂，载鬼一车。先张之弧，后说之弧，匪寇，婚媾。往遇雨，则吉。⑥

【注释】

① 睽：卦名，下兑上离，象征违逆隔膜。② 逐：追捕。③ 曳：拖拉。掣：牵制。其人天且劓：赶车人受墨刑和劓刑。天，在罪人额头上刺字称天。劓，古代刑名，即割鼻之刑。④ 睽孤：指寂寞孤独之时。元夫：善人。元，善。⑤ 厥宗噬肤：他与其宗人共同吃肉。厥，其。他，宗，宗人，即同一宗族之人。噬，咬，这里是吃的意思。肤，肉。⑥ 豕：猪。涂：泥土。弧：弓。说：通『脱』，放下。

【译文】

睽卦 象征违逆隔膜。占问小事必获吉祥。

蹇卦第三十九

☵ 坎上
☶ 艮下

蹇①：利西南，不利东北。利见大人，贞吉。②

初六 往蹇，来誉。③

六二 王臣蹇蹇，匪躬之故。④

九三 往蹇，来反。⑤

六四 往蹇，来连。⑥

九五 大蹇，朋来。

上九 往蹇，来硕，吉，利见大人。

初九 困厄将会消亡。丢失了马不必到处追寻，因为它自会返回；谦谨地对待与自己对立的恶人，不会招致灾祸。

九二 在小巷中不期而遇见主人，没有什么灾祸。

六三 看见大车拖拖拉拉艰难行进，驾车的牛受到牵制无法前行，驾车人也受了墨刑和劓刑。虽然起初历尽艰难，但是最终将有美好结局。

九四 寂寞孤独之际遇到善人，胸怀诚信之心与之交往，即使会有危险，但也没有灾祸。

六五 困厄将会消亡。他与本家族的人一同吃肉，有所举动，不会有什么灾祸。

上九 寂寞孤独之际，看见一头丑猪满身污泥，一辆大车满载恶鬼飞驰而过。先是张弓欲射，后又放了下来，原来来人不是贼寇，而是求婚的佳偶。外出遇到大雨，可获吉祥。

九五 大蹇，朋来。

六四 往蹇，来连。

九三 往蹇，来反。

六二 王臣蹇蹇，匪躬之故。

初六 往蹇，来誉。

【注释】

① 蹇：卦名，下艮上坎，象征行事艰难。蹇，难。② 利西南，不利东北：西南象征平地，所以『利』；东北象征山丘，所以『不利』。③ 来：返回，归来。④ 匪：非。躬：自身。⑤ 反：返。⑥ 连：负车，即坐车。⑦ 硕：大。

【译文】

蹇卦　象征行事艰难。出行宜于向西南方向去，而不宜于往东北方向走。有利于大德大才之人出世，占问必获吉祥。

初六　有所举动，虽然艰难，但是归来却可以获得美誉。

六二　君王的臣子历尽艰险，奔走济难，并非为了自身的私事。

九三　与其有所举动而在外遭遇艰难，不如及早返回家园。

六四　有所举动，在外遭遇艰难，返回时却有车可坐。

九五　行事十分艰难，朋友纷纷前来相助。

上六　外出遭遇艰难，归来则能够建立大功，十分吉祥。有利于大德大才之人出世。

解卦第四十

䷧ 震上
坎下

解①：利西南。无所往，其来复，吉。有攸往，夙吉。②

初六　无咎。

上六　往蹇，来硕吉。利见大人。⑦

九二 田获三狐，得黄矢，贞吉。③

六三 负且乘，致寇至，贞吝。④

九四 解而拇，朋至斯孚。⑤

六五 君子维有解，吉；有孚于小人。⑥

上六 公用射隼于高墉之上，获之，无不利。⑦

【注释】

①解：卦名，下坎上震，象征舒解。②夙：早。③田：田猎，打猎。④负：肩负，背负。⑤解而拇：解开被缚的拇指。拇，拇指。斯：乃。⑥君子维有解：君子被缚后又得以解脱。维，语助词，无义。⑦隼：一种猛禽，通称鹰，俗称鹞子。墉：城墙。

【译文】

解卦 象征舒解。有利于西南之地。无须继续前往行事，返回原地安居其家则可获吉祥。如果有所举动，就及早前往，可获吉祥。

初六 没有灾祸。

九二 打猎时捕获三只狐狸，又得到铜箭，占问可获吉祥。

六三 身负重物而乘车出行，必然招致贼寇前来打劫，占问将有艰难。

九四 像解开被缚的拇指一样摆脱小人的纠缠，朋友才会心怀诚信前来相助。

六五　君子被缚又得以解脱，可获吉祥：诚信能够感化小人。

上六　王公用利箭射杀高城上的大鹰，一箭射中，捕而获之，无所不利。

损卦第四十一

☶ 艮上
☱ 兑下

损①：有孚，元吉，无咎，可贞，利有攸往。曷之用二簋，可用享。②

初九　已事遄往，无咎；酌损之。③

九二　利贞，征凶。弗损，益之。④

六三　三人行则损一人，一人行则得其友。

六四　损其疾，使遄有喜，无咎。

六五　或益之十朋之龟，弗克违，元吉。⑤

上九　弗损，益之，无咎，贞吉，利有攸往。得臣无家。

【注释】

①损：卦名，下兑上艮，象征减损。损，减少。②曷：通"盍"，馈食。簋：古代盛谷物的竹器。享：祭祀鬼神。③已事：停止自己的事情。已，止。遄：速。④益：与"损"相对，增加。⑤或：有人。十朋之龟：价值十朋的宝龟。朋，古代货币单位，双贝为一朋。"十朋"在这里形容价值昂贵。违：违逆，推辞。

【译文】

损卦 象征减损。胸怀诚信之心,大吉大利,没有灾祸,可以占问,宜于有所举动。送两簋淡食祭祀神灵,奉献尊者。

初九 停下自己的事情,赶快去帮助别人,就没有灾祸,但要酌情而行,量力而为。

九二 利于占问,而兴兵出征则有凶险。不要减少祭品,而要增加祭品。

六三 三人同行,由于难于同心协力,必将有一人离去;一人出行,由于专一求合,则可得到朋友。

六四 减轻疾病的事要尽速办理,才可获得喜庆,没有灾祸。

六五 有人进献价值十朋的宝龟,不违逆,不推辞,大吉大利。

上九 不要减少祭品,而要增加祭品,这样才没有灾祸,占问可获得吉祥,宜于有所举动,又能得到一位没有家室的贤臣辅佐。

益卦第四十二

☴ 巽上
☳ 震下

益① 利有攸往,利涉大川。

初九 利用为大作;元吉,无咎。②

六二 或益之十朋之龟,弗克违,永贞吉;王用享于帝,吉。③

六三 益之用凶事,无咎。有孚中行,告公用圭。④

六四 中行,告公从,利用为依迁国。⑤

九五　有孚惠心，勿问元吉，有孚惠我德。⑥

上九　莫益之，或击之，立心勿恒，凶。⑦

【注释】

①益：卦名，下震上巽，象征增益。益，增加。②利用为大作：利于大有作为。③十朋之龟：见损卦注⑤。违：见损卦注⑤。王用享于帝：君王享祭上天祈求福泽。帝，上天，天帝。④增之用凶事：把增益用于凶险之事。中行：持守中正之道行事。告公用圭：手执玉圭向王公告急求助。圭，一种玉器，古代天子诸侯祭祀、朝聘时，卿大夫执此以示信。⑤迁国：迁都。⑥惠：仁爱。⑦或击之：有人攻击他。

【译文】

益卦　象征增益。利于有所举动，宜于涉越大川巨流。

初九　利于大有作为，大吉大利，没有灾祸。

六二　有人进献价值十朋的宝龟，不违逆，不推辞，占问长久之事可获吉祥，君王以此祭享上天，可获吉祥。

六三　把增益用于救助凶险之事，不会有灾祸。心怀诚信，持守中正之道谨慎行事，时刻像手执玉圭向王公告急求助一样恭谨。

六四　持守中正之道谨慎行事，得到王公信从，有利于借此完成迁都益民大业。

九五　胸怀诚信仁爱之心，不必占问就知道非常吉祥，天下人必将以仁爱之心报答我的仁爱之德。

上九　没人增益于他，就会有人攻击他，再加上自身立心不恒，便有凶险。

夬卦第四十三

☱ 兑上
☰ 乾下

夬①：扬于王庭，孚号，有厉。告自邑，不利即戎，利有攸往。②

初九 壮于前趾，往不胜，为咎。

九二 惕号，莫夜有戎，勿恤。③

九三 壮于頄，有凶。君子夬夬独行，遇雨若濡，有愠无咎。④

九四 臀无肤，其行次且。牵羊悔亡。闻言不信。⑤

九五 苋陆夬夬中行，无咎。⑥

上六 无号，终有凶。⑦

【注释】

①夬：卦名，下乾上兑，象征决断。夬，果决。②扬于王庭：在君王的朝廷之上发表言论。扬，张扬。庭，通『廷』。自邑：指自己封邑的人众。戎：兵，指兴兵征战。③惕号：因惊恐而大呼。莫：通『暮』。恤：忧虑。④頄：脸面。夬夬：决然而行的样子。濡：沾湿。愠：怒，怨。⑤次且：即趑趄，行走艰难的样子。⑥苋陆：细角山羊。⑦无号：不必大呼小叫。

【译文】

夬卦 象征决断。在君王的朝廷之上发表言论，竭诚疾呼将有危险。告诫自己封邑的人众，此时不宜于立即兴兵征战，利于日后有所举动。

初九 脚趾前端盛壮，贸然前往不能取胜，反而会招致灾祸。

九二 惊惧呼号，因为深夜发生战事，但是并没有危险，所以不必忧虑。

九三 脸面盛壮，会有凶险。君子决然前行，独自遇雨受淋，雨水淋湿衣裳，虽然愠怒在所难免，却不会有灾祸。

九四 臀部无皮，行走趑趄难进；若能牵羊而行，困厄将会消失；听人说话，不能轻信。

九五 像细角山羊决然健行，只要居中行正，便无灾祸。

上六 不要大哭小叫，因为凶险最终难于逃避。

姤卦第四十四

☰ 乾上
☴ 巽下

姤①：女壮，勿用取女。②

初六 系于金柅，贞吉。有攸往，见凶，羸豕孚蹢躅。③

九二 包有鱼，无咎，不利宾。④

九三 臀无肤，其行次且，厉，无大咎。⑤

九四 包无鱼，起凶。

九五 以杞包瓜，含章，有陨自天。⑥

上九 姤其角，吝；无咎。⑦

【注释】

① 姤：卦名，下巽上乾，象征相遇。
② 取：通"娶"。
③ 金柅：铜制车闸。羸豕：猪被捆绑。孚：这里是竭力的意思。
④ 包：通"庖"，厨房。
⑤ 次且：见夬卦注⑤。
⑥ 以杞包瓜：用杞柳蔽护树下之瓜。杞，杞柳。含章：含藏彰美。陨：降落。
⑦ 角：角落。

【译文】

姤卦　象征相遇。女子过于盛壮则伤男子，不宜娶其为妻。

初六　紧紧系在铜车闸上，占问可获吉祥；而急于有所举动，则有凶险，就像猪被圈牢不得解脱一般。

九二　厨房有鱼，没有灾祸，但是不宜于招待宾客。

九三　臀部无皮，行走趑趄难进，有危险，但是并不会有大的灾祸。

九四　厨房无鱼，必然惹出凶险之事。

九五　用杞柳蔽护树下之瓜，象征内中含藏彰美之德，会有喜庆自天而降。

上九　走入空荡的角落里相遇，行事艰难，但是却没有灾祸。

萃卦第四十五

☷ 兑上
☷ 坤下

萃①：亨。王假有庙，利见大人，亨，利贞；用大牲吉。利有攸往。②

初六　有孚不终，乃乱乃萃。若号，一握为笑，勿恤，往无咎。③

①萃：卦名，下坤上兑，象征会聚。②假：到。庙：宗庙。③一握：古代占筮术语，指在不吉情况下筮得一个吉卦之数。④引吉：迎吉。引，迎。禴：古代四时祭祀之一，此为夏祭。⑤嗟：叹息。⑥萃有位：会聚而各有其位。⑦赍咨：叹息之词。涕洟：鼻涕和眼泪。这里是形容痛哭流涕的样子。

六二 引吉，无咎。孚乃利用禴。④

六三 萃如，嗟如，无攸利。往无咎，小吝。⑤

九四 大吉，无咎。

九五 萃有位，无咎；匪孚：元永贞，悔亡。⑥

上六 赍咨涕洟，无咎。⑦

【注释】

【译文】

萃卦 象征会聚。亨通顺利。君王来到宗庙祭祀祖先，利于大德大才之人出世，亨通顺利，利于占问，用大牲祭祀，可获吉祥。利于有所举动。

初六 心怀诚信而不能保持至终，必然导致行动忙乱而与他人妄聚，于是就大声哭叫；而此刻又筮得吉卦，随即破涕为笑。不必再有忧虑，有所举动没有灾祸。

六二 迎来吉祥，自然没有灾祸。心怀诚信有利于夏祭求福。

六三 因会聚而生叹息，没有什么好处。但是有所举动也没有灾祸，仅小有艰难。

九四　大吉大利，没有灾祸。

九五　会聚而适得其位，没有灾祸，但是还不能取得众人信任。有德的君长占问长期的吉凶祸福，困厄将会消亡。

上六　咨嗟哀叹并痛哭流涕，可以免除灾祸。

升卦第四十六

坤上
巽下

升①：元亨。用见大人，勿恤。南征吉。

初六　允升，大吉。②

九二　孚乃利用禴，无咎。③

九三　升虚邑。④

六四　王用亨于岐山，吉，无咎。⑤

六五　贞吉，升阶。⑥

上六　冥升，利于不息之贞。⑦

【注释】

①升：卦名，下巽上坤，象征上升。②允：进。③禴：见萃卦注④。④虚邑：大丘上的城邑。虚，大丘。⑤王：周王。亨：通「享」，祭祀。岐山：地名，在今陕西省岐山县东北。⑥阶：台阶。⑦冥：昏夜，夜间。不息：指昏夜不息以求上进。

【译文】

升卦 象征上升。大吉大利。利于大德大才之人出世，不必有什么忧虑。向南方兴兵征战，必获吉祥。

初六 不断进长上升，大吉大利。

九二 心怀诚信有利于夏祭求福，没有灾祸。

九三 上升顺利，一直升到大丘上的城邑。

六四 君王来到岐山祭祀神灵，吉祥，没有灾祸。

六五 占问则可获吉祥，沿着台阶步步上升。

上六 夜间还要继续上升，占问有利于前进不息以求上进。

困卦第四十七

☱ 兑上
☵ 坎下

困①：亨，贞，大人吉，无咎。有言不信。

初六 臀困于株木，入于幽谷，三岁不觌。②

九二 困于酒食，朱绂方来，利用享祀。征凶，无咎。③

六三 困于石，据于蒺藜，入于其宫，不见其妻，凶。④

九四 来徐徐，困于金车，吝，有终。⑤

九五 劓刖，困于赤绂，乃徐有说，利用祭祀。⑥

上六 困于葛藟，于臲卼；曰动悔有悔，征吉。⑦

【注释】

①困：卦名，下坎上兑，象征困穷。②株木：树木。幽谷：幽暗的山谷。觌：见。③困于酒食：指吃醉了酒。朱绂：红色祭服。绂，古代祭服的饰带，这里借指祭服。④困于石：前进道路被乱石阻挡。据：《易》例，在一重卦之中，如果一个阳爻位居阴爻之上，那么这一阳爻对于其下的阴爻的关系称『据』。『据』是凭据、占据的意思，这里引申为居处。蒺藜：一种一年生草本植物，果实有刺。这里指九二爻。宫：居室，这里指自己的家。见其妻：意思是得婚配。⑤困于金车：被金车所困阻。⑥劓：古代刑名，施刑方法为割鼻。刖：古代刑名，施刑方法为断足。说：通『脱』。⑦葛藟：一种藤类植物。臲卼：惶惑不安。悔：这里是后悔和悔悟的意思。

【译文】

困卦 象征困穷。亨通顺利，进行占问，大德大才之人可获吉祥，没有灾祸。可是进行自我表白，别人并不相信。

初六 困坐在树干上无法安身，只得退处幽暗的山谷，三年不能露面。

九二 吃醉了酒，大红祭服才送来，正好用来祭祀神灵。此时兴兵征战，虽然多有凶险，却没有灾祸。

六三 道路被乱石阻挡而困穷不通，只得居处在蒺藜之上；而返身回到自己家里却见不到婚配之日，则有凶险。

九四 缓缓而来，是由于被金车所困阻，行动虽然艰难，却有好的结果。

九五 施行割鼻断足之刑以治理众人，困穷因红色祭服而起，于是就渐渐不再穿了，以利于举行祭祀。

上六 被葛藤缠绕得惶恐不安；有所举动便感到后悔，应当赶快悔悟，这样兴兵征战必获吉祥。

井卦第四十八

☷ 坎上
☴ 巽下

井①：改邑不改井，无丧无得，往来井井。汔至亦未繘井，羸其瓶，凶。②

初六　井泥不食，旧井无禽。③

九二　井谷射鲋，瓮敝漏。④

九三　井渫不食，为我心恻。可用汲，王明，并受其福。⑤

六四　井甃，无咎。⑥

九五　井洌，寒泉食。

上六　井收勿幕，有孚元吉。⑦

【注释】

①井：卦名，下巽上坎，象征水井。②邑：泛指村庄、城邑。井井：从井中取水。第一个『井』字用作动词，取水。汔：接近。繘：出。羸：这里是倾覆的意思。瓶：古代汲水器具。③不食：不能食用。旧井无禽：井旁植树，禽来栖息，井毁树死，飞鸟不至。④井谷射鲋：井底小鱼来回窜游。射，窜游。鲋，小鱼。瓮：罐子。敝：破旧，这里是破碎井毁的意思。⑤渫：淘洗。为我心恻：使我心中悲伤。王明：君王圣明。⑥甃：修整，这里指用砖石垒井壁。⑦井收勿幕：修整水井的事已经完成，不须覆盖井口。收，完成。幕，盖。

[译文]

井卦　象征水井。村邑变动而水井不能迁移，每日汲取，井水既不会枯竭，也不会满盈。人们来来往往不停地从井中汲水。

初六　井底污泥淤泥，井水已经不能食用，井枯树死，飞鸟再也不来栖息。

九二　枯井井底小鱼往来窜游，碰破水罐，因而无法取水。

九三　枯井已经淘净仍然无人取水食用，使人心中凄恻悲伤；水已经可以食用，应该赶快前来取水；君王圣明，与臣民共享福泽。

六四　水井正在修整，没有灾祸。

九五　井水清冽，洁净的寒泉之水可供食用。

上六　水井已经修整好，不须再盖井口，此时心怀诚信，大吉大利。

革卦第四十九

☲ 兑上
　 离下

革①：己日乃孚。无亨，利贞，悔亡。②

初九　巩用黄牛之革。③

六二　己日乃革之，征吉，无咎。

九三　征凶，贞厉。革言三就，有孚。④

【注释】

① 革：卦名，下离上兑，象征变革。② 己日乃孚：到己日才有变革的诚心。己，十天干之一，居第六位，过天干十日之半。③ 巩：固。革：皮革。④ 革言三就：变革必须慎重，经过多次计议才能采取行动。三，多。就，成。⑤ 改命：改变天命，指改朝换代。⑥ 虎变：变革之际像老虎那样威猛。⑦ 豹变：变革像豹子那样迅捷。

【译文】

革卦 象征变革。时至己日，再下定变革的决心。大吉大利，利于占问，纵有困厄也会自行消亡。

初九 用黄牛皮绳牢拴住，以免轻举妄动。

六二 到了己日断然实行变革，兴兵征战可获吉祥，而不会有灾祸。

九三 兴兵征战会有凶险，占问将有危险。实行变革必须慎重行事，经过多次计议才能采取行动，并且要有诚信之心。

九四 困厄会自行消亡。胸怀诚信之心，断然变革天命，实行改朝换代，可获吉祥。

九五 高尚的贤人，实行变革时，气度像老虎那样威猛。未经占问就知道他具有诚信之心。

上六 君子在变革之际行动像豹子那样迅捷，小人也改变昔日的面目。兴师动众持续变革不止，会有凶险；而居家守中，占问可获吉祥。

鼎卦第五十

☲ 离上
☴ 巽下

鼎①：元吉，亨。

初六 鼎颠趾，利出否；得妾以其子，无咎。②

九二 鼎有实，我仇有疾，不我能即，吉。③

九三 鼎耳革，其行塞，雉膏不食；方雨亏悔，终吉。④

九四 鼎折足，覆公㻇，其形渥，凶。⑤

六五 鼎黄耳，金铉，利贞。⑥

上九 鼎玉铉，大吉，无不利。

【注释】

①鼎：卦名，下巽上离，象征鼎器。鼎，古代烹饪之器。②鼎颠趾：鼎颠覆，足朝上。利出否：利于倾倒无用之物。否，不，指无用之物。以其子：因其子。以，因。③实：这里指食物。仇：匹配，这里妻子。④革：革除，这里是失去的意思。塞：阻塞，引申为困难。雉膏：用雉肉做的美味食物。方雨亏悔：天刚下雨阴云又散去。方，刚刚。亏，少。悔，通『晦』，指阴云。⑤覆公㻇：将王公的八珍菜粥倾倒出来。公，王公。㻇，八珍菜粥。其形渥：洒得满地都是。渥，沾濡之状。⑥金铉：铜制鼎耳的吊环。

【译文】

鼎卦 象征鼎器。大吉大利，亨通顺利。

初六 大鼎颠倒，其足向上，宜于倾倒无用之物；就像娶妾生子，其妾因子而被扶作正室，必无灾祸。

九二 鼎中盛满食物，我的妻子身患疾病，不能接近我，可获吉祥。

九三 大鼎失去了鼎耳，移动十分困难；美味的雉膏也不能吃，天刚降雨阴云又突然散去，最终可获吉祥。

九四 大鼎难承重荷而折断鼎足，王公的美食都倒出来了，鼎身沾满污物，将有凶险。

六五 大鼎配上黄色鼎耳，鼎耳配上铜制吊环，有利于占问。

上九 鼎耳配上玉制吊环，大吉大利，无所不利。

震卦第五十一

震上
震下

震① ：亨。震来虩虩，笑言哑哑。震惊百里，不丧匕鬯。②

初九 震来虩虩，后笑言哑哑，吉。

六二 震来厉，亿丧贝。跻于九陵，勿逐，七日得。③

六三 震苏苏，震行，无眚。④

九四 震遂泥。⑤

六五 震往来厉，亿无丧，有事。

上六 震索索，视矍矍，征凶。震不于其躬，于其邻，无咎。婚媾有言。⑥

【注释】

①震，卦名，下震上震，象征震动。②虩虩：恐惧之状。哑哑：笑声。匕：勺，匙。鬯：祭祀用的香酒。③厉：猛。亿丧贝：将会大量丧失钱财。亿，古制，十万为亿，这里是多的意思。贝，古代货币。跻于九陵：登上九重高陵。跻，登。④苏苏：不安之状。震行：震恐而行。眚：灾祸。⑤遂：坠。⑥索索：发抖之状。矍矍：不敢正眼看。躬：身。有言：闲言碎语。

【译文】

震卦象征震动。亨通顺利。雷霆骤响，震得万物惊恐惶惧，而后却又谈笑风生。雷声震惊百里之远，而匙中的香酒却没有洒掉。

初九 雷霆骤响震得万物惊恐惶惧，而后却又谈笑风生，可获吉祥。

六二 雷霆骤响，将有危险，丧失大批钱财。应该登上九重高陵，而不要前去追寻，七日之内自会失而复得。

六三 雷霆震动，惶惶不安，震惧而行，却不会有什么灾祸。

九四 雷霆震动，惊慌失措而坠入泥沼之中。

六五 雷霆震动，上下往来，都有危险，无重大损失，但会发生事端。

上六 雷霆震动，索索发抖，两眼惶惶不安，此时兴兵征战将有凶险。若尚未震及自身，而仅震及近邻，就预加防备，则没有灾祸。但是若谋求婚配，将会招来闲言碎语。

艮卦第五十二

䷳ 艮上
艮下

艮①：艮其背，不获其身，行其庭，不见其人，无咎。②

初六 艮其趾，无咎，利永贞。③

六二 艮其腓，不拯其随，其心不快。④

九三 艮其限，列其夤，厉薰心。⑤

六四 艮其身，无咎。

六五 艮其辅，言有序，悔亡。⑥

上九 敦艮，吉。⑦

【注释】

①艮：卦名，下艮上艮，象征抑止。②庭：庭院。③趾：脚趾。④腓：小腿肚。拯：举。⑤限：胯，腰部。列：裂。夤：通『臏』，夹脊肉。薰：烧灼。⑥辅：面颊。⑦敦：敦厚。

【译文】

艮卦 象征抑止。抑止背部，使整个身子不能动弹，在庭院里行走，却见不到人，没有灾祸。

初六 抑止脚趾而不让起步，没有灾祸，利于占问长久之事。

六二 抑止小腿肚的运动，无法举步追随应该追随之人，心中不能畅快。

九三 抑止腰胯的扭动，以至于撕裂了夹脊肉，危险像烈火烧灼，使人心忧如焚。

六四 抑止上身使其不得妄动，没有灾祸。

六五 抑止面颊使其不得妄言，说话有条有理，没有灾祸。

上九 以敦厚的美德抑止邪欲恶念，可获吉祥。

渐卦第五十三

☴ 巽上
☶ 艮下

渐①：女归，吉，利贞。②

初六 鸿渐于干，小子厉，有言，无咎。③

六二 鸿渐于磐，饮食衎衎吉。④

九三 鸿渐于陆，夫征不复，妇孕不育，凶。利御寇。⑤

六四 鸿渐于木，或得其桷，无咎。⑥

九五 鸿渐于陵，妇三岁不孕，终莫之胜，吉。⑦

上九 鸿渐于陆，其羽可用为仪，吉。⑧

【注释】

①渐：卦名，下艮上巽，象征渐进。②女归：女子出嫁。归，嫁。③鸿：鸿雁，即大雁。干：河岸。小子：这里指幼童。④磐：大石头。衎衎：高兴，和乐。⑤陆：这里指较矮的山顶。⑥或：有的。桷：木椽。⑦陵：山陵。⑧陆：

[译文]

渐卦 象征渐进。女子出嫁婚礼渐行,可获吉祥,有利于占问。

初六 鸿雁飞行渐进到了河岸边,预示幼童将遭遇危险,有流言蜚语把他责难,但无灾祸。

六二 鸿雁飞行渐进落到巨石之上,安享饮食和乐欢快,可获吉祥。

九三 鸿雁飞行渐进落到小山顶上,预示丈夫出征一去而不复返,妻子失贞身怀有孕而无颜生子,将有凶险。利于防御贼寇。

六四 鸿雁飞行渐进,有的落到大树之上,有的落到木椽之上,都不会有灾祸。

九五 鸿雁飞行渐进落到山陵之上,预示妻子三年不会怀孕,但猎人最终不能胜之,可获吉祥。

上九 鸿雁飞行渐进落到高山之顶,羽毛美丽异常,可以用于仪饰,十分吉祥。

归妹卦第五十四

☳ 震上
☱ 兑下

归妹① : 征凶, 无攸利。

初九 归妹以娣, 跛能履; 征吉。②

九二 眇能视, 利幽人之贞。③

六三 归妹以须, 反归以娣。④

这里指高山之顶。仪:装饰。

九四 归妹愆期，迟归有时。⑤

六五 帝乙归妹，其君之袂不如其娣之袂良，月几望，吉。⑥

上六 女承筐，无实；士刲羊，无血。无攸利。⑦

【注释】

①归妹：卦名，下兑上震，象征嫁女。归，嫁。②归妹以娣：少女出嫁，其妹从嫁。古代习俗，一夫多妻，姐出嫁，妹可随姐同嫁一夫，此称『娣』。③眇：眼盲失明。幽人：安恬幽居之人。④须：通『嬃』，姐。反归：回娘家。⑤愆期：延误时日。愆，通『衍』，延误。迟：晚。⑥帝乙：见泰卦注⑦。君：这里指正妻。袂：衣袖，这里泛指衣饰。良：好。几望：每月十六日。⑦筐：竹器，指盛嫁妆的奁具。实：指嫁妆。刲：杀。

【译文】

归妹卦 象征嫁女。向前进发会有凶险，没有好处。

初九 少女出嫁，妹妹从嫁做侧室，犹如跛足者走路，奋发前行可获吉祥。

九二 眼盲者勉强瞻视，利于安恬幽居之人占问。

六三 少女出嫁，姐姐从嫁做侧室，姐姐将会把妹妹遣回娘家。

九四 少女出嫁一再延期，迟迟不嫁，为的是等待时机。

六五 帝乙嫁女，正室的服饰反而不如随嫁的妹妹服饰华贵，把成亲日期选在既望之日，十分吉祥。

上六 少女手捧奁筐，却没有嫁妆可盛，新郎杀羊，却没有放出血来，没有什么好处。

丰卦第五十五

☳ 震上
☲ 离下

丰①：亨，王假之，勿忧，宜日中。②

初九 遇其配主，虽旬无咎，往有尚。③

六二 丰其蔀，日中见斗，往得疑疾，有孚发若，吉。④

九三 丰其沛，日中见沫，折其右肱，无咎。⑤

九四 丰其蔀，日中见斗，遇其夷主，吉。⑥

六五 来章，有庆誉，吉。⑦

上六 丰其屋，蔀其家，窥其户，阒其无人，三岁不觌，凶。⑧

【注释】

①丰：卦名，下离上震，象征丰盛。②亨：通『享』，祭祀。假：到。日中：中午。③配主：堪与匹配之人，即佳偶。旬：十日。尚：通『赏』。④蔀：遮光之物。斗：星斗。疑疾：即疑忌，猜疑，猜忌。发：去。若：语助词，无义。⑤沛：暗而无光之状。沫：昏暗。肱：臂膀。⑥夷主：相类似的人。夷，平，均。⑦章：通『彰』，光明。庆誉：喜庆和美誉。⑧蔀：蔽荫。阒：通『窥』。阒：空。觌：见。

【译文】

丰卦，象征丰盛。举行祭祀大典，君王亲自到宗庙主祭，勿须忧虑，宜于在太阳居中时开祭。

初九　遇到佳偶，十日之内没有灾祸，有所举动可获奖赏。

六二　丰盛的结果导致光明被遮蔽，正午出现满天星斗。有所举动会遭猜疑，但心怀诚信可以消除猜疑，十分吉祥。

九三　丰盛遮蔽光明的幔帐，正午一片昏黑，此时折断了右臂，也不会有什么灾祸。

九四　丰盛的结果导致光明被遮蔽，正午出现满天星斗，遇到自己的同类，则十分吉祥。

六五　光明重现，带来了喜庆和美誉，十分吉祥。

上六　扩建房屋，遮蔽居室，对着窗户向室内窥视，里边空无一人，三年之内一直无人露面，将有凶险。

旅卦第五十六

☲ 离上
☶ 艮下

旅①：小亨，旅，贞吉。

初六　旅琐琐，斯其所，取灾。②

六二　旅即次，怀其资，得童仆贞。③

九三　旅焚其次，丧其童仆，贞厉。④

九四　旅于处，得其资斧，我心不快。⑤

六五　射雉，一矢亡，终以誉命。⑥

上九　鸟焚其巢，旅人先笑后号咷，丧牛于易，凶。⑦

【注释】

① 旅：卦名，下艮上离，象征行旅。
② 琐琐：猥琐卑下。斯：此。③ 即次：住进旅馆。即，就，住。次，旅店。
④ 焚：失火。⑤ 处：止，这里指旅行受阻。⑥ 誉：美名。命：爵命。⑦ 易：通『场』，田边。
童仆：仆人。贞：忠贞。

【译文】

旅卦　象征行旅。小有亨通，外出旅行，占问可获吉祥。

初六　外出旅行，出门就猥猥琐琐，举止不定，这会招致灾祸。

六二　旅人住进客店，怀中揣着钱财，并得到童仆的忠心侍奉。

九三　客店失大火，童仆也逃跑了，十分危险。

九四　旅行受到阻碍，虽然后来幸得钱财之助，利斧之防，但是内心仍然不快。

六五　射杀野鸡，丢失一支箭，不过最终还是会获得美誉并承受封爵之命。

上九　树上的鸟巢被烧毁，旅人先笑后哭号，在田边丢失了耕牛，将有凶险。

巽卦第五十七

䷸ 巽上
　巽下

巽①：小亨，利有攸往，利见大人。

初六　进退利武人之贞。②

九二　巽在床下，用史巫纷若，吉，无咎。③

九三 频巽，吝。④

六四 悔亡。田获三品。⑤

九五 贞吉，悔亡，无不利，无初有终。先庚三日，后庚三日，吉。⑥

上九 巽在床下，丧其资斧，贞凶。⑦

【注释】

①巽：卦名，下巽上巽，象征顺从。②进退：或进或退。武人：军人。③巽在床下：比喻顺从太过。史：祝史，专门从事祭祀活动之官。巫：即巫师。纷若：勤勉异常的样子。若，样子。④频：一而再、再而三。⑤田：田猎，打猎。三品：三类，指三种禽兽。先庚三日：庚前三日指丁日、戊日、己日三日，庚后三日指辛日、壬日、癸日三日，加上庚日共七日。

【译文】

巽卦 象征顺从。柔小者亨通顺利，宜于有所举动，利于大德大才之人出世。

初六 行军的时候或前进或后退，军人占问皆有利。

九二 顺从太过而卑居床下，若能效法祝史、巫师的勤勉忙碌，则十分吉祥，不会有灾祸。

九三 一而再、再而三地顺从他人，将行事艰难。

六四 困厄将会消亡。打猎时捕获三种禽兽。

九五 占问可获吉祥，困厄自行消亡，无所不利；即使起初不顺利，最终也能畅行无阻。时间当以庚日的前三

上九 顺从过分而卑居床下，结果丧失了钱财之助和利斧之防，占问则有凶险。

日和庚日的后三日为宜，这七日行事，可获吉祥。

兑卦第五十八

䷹ 兑上
兑下

兑①：亨，利贞。

初九 和兑，吉。

九二 孚兑，吉，悔亡。

六三 来兑，凶。②

九四 商兑未宁，介疾有喜。③

九五 孚于剥，有厉。④

上六 引兑。⑤

【注释】

① 兑：卦名，下兑上兑，象征欣悦。《周易正义》：「兑，说也。」说，通「悦」。② 来兑：前来献媚求悦。③ 商议。介：隔绝。疾：患，指谄媚求悦之患。④ 剥：指损伤正道者。⑤ 引：引导，引诱。

【译文】

兑卦 象征欣悦。亨顺利，利于占问。

初九 和颜悦色待人接物,十分吉祥。

九二 心怀诚信并面带喜色,十分吉祥,困厄将自行消亡。

六三 前来献媚以求欣悦,会有凶险。

九四 计议之中和悦欢洽,但事情却未办妥,消除献媚求悦之患则可获喜庆。

九五 施诚取信于损伤正道者,则有危险。

上六 引诱他人与自己共相欢悦。

涣卦第五十九

巽上
坎下

涣：亨,王假有庙,利涉大川,利贞。②

初六 用拯马壮,吉。③

九二 涣奔其机,悔亡。④

六三 涣其躬,无悔。⑤

六四 涣其群,元吉。涣有丘,匪夷所思。⑥

九五 涣汗其大号,涣王居,无咎。⑦

上九 涣其血去,逖出,无咎。⑧

【注释】

① 涣：卦名，下坎上巽，象征水流无阻。②假：去，升。③用拯马壮：用壮马拯济患难。④机：几，几案，供祭祀之用。⑤躬：身。⑥群：众人。丘：山陵。匪夷所思：不是平常所能想的。匪，非。夷，平，平常。⑦大号：大哭。居：占有。⑧血去：忧患过去。血，通"恤"，忧虑。逖：即惕，惊惧。

【译文】

涣卦　象征水流无阻。举行祭祀大典，君王亲自到宗庙祭祀祖先，利于涉越大川巨流，利于占问。

初六　乘强壮之马去拯济患难，十分吉祥。

九二　大水流散，急忙奔向几案，以祭告神灵乞求佑助，困厄自会消亡。

六三　大水冲及自身，也不会遭遇困厄。

六四　大水冲散了众人，大吉大利。大水冲上山陵，水势之汹涌不是平常所能想到的。

九五　大汗淋漓又大哭号啕，大水冲洗王宫的污浊之气，没有灾祸。

上九　水流无阻，能使忧患消除，惊惧排解，没有灾祸。

节卦第六十

☱ 坎上
☳ 兑下

节① 亨，苦节，不可贞。②

初九　不出户庭，无咎。③

九二 不出门庭，凶。

六三 不节若，则嗟若，无咎。

六四 安节，亨。④

九五 甘节，吉，往有尚。⑤

上六 苦节，贞凶，悔亡。

【注释】

① 节：卦名，下兑上坎，象征节俭。② 亨：通『享』，祭祀。苦节：即苦于节，以节俭为苦事。③ 户庭：内院。④ 安节：安于节俭。⑤ 甘节：即甘于节，以节俭为快乐。甘，甘美，快乐。

【译文】

节卦 象征节俭。举行祭祀大典，如果以节俭为苦事因而不肯节俭，不可占问。

初九 足不出内院，没有灾祸。

九二 足不出前院，会有凶险。

六三 度日不知节俭，则会导致嗟叹伤情，不过并没有灾祸。

六四 安于节俭，亨通顺利。

九五 以节俭为乐事，可获吉祥，有所举动将会得到奖赏。

上六 以节俭为苦事而不肯节俭，占问会有凶险，但困厄将会自行消亡。

中孚卦第六十一

☴ 巽上
☱ 兑下

中孚①：豚鱼吉。利涉大川，利贞。②

初九 虞吉，有它不燕。③

九二 鸣鹤在阴，其子和之；我有好爵，吾与尔靡之。④

六三 得敌，或鼓，或罢，或泣，或歌。⑤

六四 月几望，马匹亡，无咎。⑥

九五 有孚挛如，无咎。⑦

上九 翰音登于天，贞凶。⑧

【注释】

① 中孚：卦名，下兑上巽，象征诚信。② 豚鱼：豚和鱼。豚，小猪。豚和鱼是祭祀用的祭品。③ 虞：安。它：别的，指事端。燕：通"晏"，安。④ 阴：通"荫"。和：应和。好爵：美酒。爵，酒器，这里指酒。尔：你。靡：共享。⑤ 得敌：遭遇强劲的对手。敌，对手。或：有的。罢：通"疲"。⑥ 亡：丧失。⑦ 挛如：见小畜卦注⑦。⑧ 翰音：鸡鸣之声。翰，古代祭祀宗庙，祭品中必有鸡，称翰。

【译文】

中孚卦 象征诚信。用豚和鱼祭祀祖先，可获吉祥。利于涉越大川巨流，利于占问。

小过卦第六十二

䷽ 震上
艮下

小过①：亨，利贞。可小事，不可大事。飞鸟遗之音，不宜上，宜下，大吉。②

初六　飞鸟以凶。③

六二　过其祖，遇其妣；不及其君，遇其臣。无咎。④

九三　弗过防之，从或戕之，凶。⑤

九四　无咎。弗过遇之，片厉，必戒。勿用，永贞。⑥

六五　密云不雨，自我西郊，公弋取彼在穴。⑦

上六　弗遇过之，飞鸟离之，凶，是谓灾眚。⑧

初九　安守诚信之德则可获吉祥，但如果另有他求则不得安宁。

九二　鹤在树荫之下鸣叫，小鹤应声相和；我有美酒一爵，愿与你共享其乐。

六三　遭遇强劲的敌手，有时击鼓进攻，有时疲惫不前，有时悲愤饮泣，有时慷慨高歌。

六四　在既望之日，走失一匹良马，没有什么灾祸。

九五　胸怀诚信并系恋他人，没有灾祸。

上九　鸡鸣之声响彻天宇，占问将有凶险。

【注释】

① 小过：卦名，下艮上震，象征小有过错。② 飞鸟遗之音：鸟飞去以后，其鸣遗音犹在。③ 以：与，带来。凶：凶兆。④ 过：越过。祖：祖父。妣：祖母。⑤ 从或戕之：放纵自己就有被人杀害的危险。从，通"纵"。戕，害。⑥ 弗过遇之：不要过分求进而强求遇合。⑦ 公弋取彼在穴：王公射鸟，在穴中找到了鸟。弋，带绳子的箭，射中猎物可以拉回。⑧ 离：网罗；这里用作动词，捕捉。

【译文】

小过卦　象征小有过错。亨通顺利，利于占问。可以做寻常小事，不可做军国大事。飞鸟过去以后，其鸣遗音不绝，此时不宜向上强飞，而宜于向下安栖，大吉大利。

初六　飞鸟带来凶兆。

六二　越过祖父，而与祖母相见；不到君王那里，而与臣仆接触，没有灾祸。

九三　不肯严加防范，就有遭人杀害的危险，会有凶险。

九四　没有灾祸，不过分求进而强与他人遇合。有所举动便有危险，必须加以警戒。占问长久之事，筮得此爻暂不可采取行动。

六五　浓云密布却不降雨，云气从自己城邑的西郊升起，王公打猎射中了一只飞鸟，追到一个洞穴才在里边找到它。

上六　不过分求进而强与他人遇合，这样有如飞鸟容易被射中、捕获，十分凶险，这就是灾祸。

既济卦第六十三

☲ 坎上
　　离下

既济①：亨，小利贞。初吉，终乱。

初九　曳其轮，濡其尾，无咎。②

六二　妇丧其茀，勿逐，七日得。③

九三　高宗伐鬼方，三年克之，小人勿用。④

六四　繻有衣袽，终日戒。⑤

九五　东邻杀牛，不如西邻之禴祭实受其福。⑥

上六　濡其首，厉。

【注释】

① 既济：卦名，下离上坎，象征事功已成。济，渡河，引申为成功。② 曳：拖拉。尾：车尾。③ 茀：泛指妇人首饰。④ 高宗伐鬼方：殷高宗讨伐鬼方。高宗，殷代中兴帝王，名武丁。鬼方，殷代我国西北边境上的落部。⑤ 繻有衣袽：华服将变成破衣。繻，彩色丝帛，这里指华服。袽，破衣。⑥ 禴祭：详见萃卦注④。这种祭祀礼仪比较简单。

【译文】

既济卦　象征事功已成。亨通顺利，利于占问小事。最初吉祥，最终危乱。

初九　拖拉着车轮前行，水打湿了车尾，并无灾祸。

六二 妇人丢失了首饰，不必寻找，七日之内自会失而复得。

九三 殷高宗兴兵讨伐鬼方部落，历时三年才打败了它，事关重大，不可任用小人。

六四 华服行将变成破衣，应当终日戒备以防灾祸。

九五 东方邻国杀牛举行盛大祭祀，不如西方邻国只举行比较简朴的祭祀那样实受天福。

上六 水沾湿了车头，将有危险。

未济卦第六十四

☲ 离上
☵ 坎下

未济①：亨。小狐汔济，濡其尾，无攸利。②

初六 濡其尾，吝。

九二 曳其轮，贞吉。

六三 未济，征凶。利涉大川。

九四 贞吉，悔亡。震用伐鬼方，三年有赏于大国。③

六五 贞吉，无悔。君子之光，有孚，吉。④

上九 有孚，于饮酒，无咎。濡其首，有孚，失是。⑤

【注释】

① 未济：卦名，下坎上离，象征事功未成。② 汔：接近。③ 震用：动用，指兴兵征战。震，动。大国：指殷商，

又称大邦,大殷。④光……光辉。⑤孚……通『浮』,罚。

【译文】

未济卦　象征事功未成。小狐狸渡河接近成功,却沾湿了尾巴,没有好处。

初六　沾湿了尾巴,将有艰难之事发生。

九二　向后拖拉轮而不使猛进,占问可获吉祥。

六三　事功未成,急于求进,会有凶险。但利于涉越大川巨流。

九四　占问可获吉祥,困厄将会消亡。兴兵讨伐鬼方部落,三年获胜而受到大殷国的封赏。

六五　占问可获吉祥,不会遭遇困厄。君子的光辉在于忠诚信实,具有这种美德十分吉祥。

上九　因为饮酒无度而受到责罚,没有灾祸。醉酒乱志,泼酒淋湿脑袋,将要受到责罚,因为失去了正道。

尚书

尚书序①

古者伏牺氏之王天下也②,始画八卦③,造书契④,以代结绳之政⑤,由是文籍生焉⑥。伏牺、神农、黄帝之书⑦,谓之『三坟』⑧,言大道也⑨。少昊、颛顼、高辛、唐、虞之书⑩,谓之『五典』⑪,言常道也⑫。至于夏、商、周之书,虽设教不伦⑬,雅诰奥义⑭,其归一揆⑮,是故历代宝之⑯,以为大训⑰。八卦之说,谓之『八索』,求其义也。九州之志,谓之『九丘』。丘,聚也。言九州所有,土地所生,风气所宜,皆聚此书也。《春秋左氏传》曰:『楚左史倚相能读三坟、五典、八索、九丘。』⑱即谓上世帝王遗书也。

先君孔子生于周末⑲,睹史籍之烦文⑳,惧览之者不一㉑,遂乃定《礼》㉒《乐》,明旧章㉓,删《诗》为三百篇㉔,约史记而修《春秋》㉕,赞《易》道以黜『八索』㉖,述职方以除『九丘』㉗。讨论坟典㉘,断自唐虞以下,讫于周㉙。芟夷烦乱㉚,剪截浮辞㉛,举其宏纲㉜,撮其机要㉝,足以垂世立教㉞,典、谟、训、诰、誓、命之文凡百篇,所以恢弘至道㉟,示人主以轨范也㊱。帝王之制,坦然明白,可举而行,三千之徒并受其义㊲。

及秦始皇灭先代典籍,焚书坑儒,天下学士逃难解散㊳,我先人用藏其家书于屋壁㊴。汉室龙兴㊵,开设学校,旁求儒雅㊶,以阐大猷㊷。济南伏生㊸,年过九十,失其本经,口以传授,载二十余篇。以其上古之书㊹,谓之《尚书》。百篇之义,世莫得闻。至鲁共王㊺,好治宫室,坏孔子旧宅以广其居,于壁中得先人所藏古文虞夏商周之书及传㊻,《论语》《孝经》,皆科斗文字㊼。王又升孔子堂㊽,闻金石丝竹之音㊾,乃不坏宅,悉以书还孔氏。科斗书废已久,时人无能知者㊿,以所闻伏生之书考论文义,定其可知者为隶古定[51],更以竹简写之,增多伏生二十五篇。伏生又以《舜典》合于《尧典》,《益稷》合于《皋陶谟》,《盘庚》三篇合一,《康王之诰》合于《顾命》,复出此篇,并序,凡五十九篇,为四十六卷。其余错乱摩灭[52],弗可复知,悉上送官,藏之书府[53],以待能者[54]。

承诏为五十九篇作传㊺，于是遂研精覃思㊻，博考经籍，采摭群言㊼，以立训传㊽，约文申义，敷畅厥旨㊾，庶几有补于将来㊿。

《书》序，序所以为作者之意㉛。昭然义见㉜，宜相附近㉝，故引之各冠其篇首，定五十八篇。既毕，会国有巫蛊事㉞，经籍道息㉟，用不复以闻㊱，传之子孙，以贻后代㊲。若好古博雅君子与我同志㊳，亦所不隐也㊴。

【注释】

① 此序相传为西汉经学家孔安国所作。孔安国是孔子的后裔。
② 伏牺氏：传说中的古代部落首领，三皇之一，即太昊，又作伏羲。王：这里用作动词，统治。
③ 八卦：由阴爻（——）和阳爻（——）两种基本符号组成的八种符号，即☰（乾）、☷（坤）、☳（震）、☶（艮）、☱（兑）、☴（巽）、☲（离）、☵（坎），各代表具有一定属性的若干事物。八卦两两相重，又演化出六十四卦，用来象征、概括宇宙万物的发展变化。八卦最初只是上古的记事符号，后来被用于卜筮，成了卜筮的工具，因而染上浓厚的巫术色彩。
④ 书契：文字。契，刻。
⑤ 结绳：用绳打结，以绳结的不同形状和数量记载事件，是文字产生以前的一种记事方法。
⑥ 由是：从此。是，此，这。
⑦ 神农：传说中的古代三皇之一，又称炎帝。黄帝：传说中的古代三皇之一，号轩辕氏。
⑧ 三坟：这里的『三坟』以及下文的『五典』『八索』『九丘』，都是传说中我国最古的书籍。坟，大。
⑨ 大道：关于天人关系的重大道理。
⑩ 少昊：黄帝之子。颛顼：黄帝之孙，即高阳氏。高辛：黄帝的曾孙，即帝喾。唐：尧帝，即唐尧，属陶唐氏。虞：舜帝，即虞舜，属有虞氏。此五者即通常所谓的五帝。
⑪ 典：恒常。
⑫ 常道：恒常的道理，即普通的道理。
⑬ 设教…设施教化。伦：类。
⑭ 雅诰：雅正的辞诰，泛指夏、商、周三代的文章。在《尚书》中，三代文章有诰、训、誓、命、歌、贡、征、范八类，这里是以诰概之。
⑮ 归：指归，即题旨。揆：道理。
⑯ 是故：因此。宝：这里用作动词，意为

⑰训：准则。⑱倚相：春秋时期楚国的左史。《左传·公十二年》："良史也。……是能读三坟、五典、八索、九丘。"⑲先君：子孙对自己祖先的敬称。⑳烦：烦琐。㉑惧：担心。㉒定：修编。㉓旧章：指《礼》《乐》《诗》《易》《春秋》等典籍。㉔三百篇：《诗》原有三千余篇，孔子整理时删去重复者，仅取三百零五篇。后世称三百，是取其整数。㉕约：依据。㉖赞：助之使其成。㉗职方：官名。《周礼·夏官》有职方氏，掌天下地图，主四方职贡。㉘讨论：整理。㉙讫：止。㉚芟夷：削除。㉛剪截：删减。㉜宏纲：大纲。㉝机要：要点。㉞立教：立下施行教化的规范。㉟所以：用来。以，用。㊱示：拿出来让人看。㊲三千之徒：指孔子的学生。据史籍记载，孔子有学生三千。㊳解散：四处奔亡。㊴用：于是。㊵龙兴：新王朝兴起。㊶旁求：广泛寻求。㊷大猷：大道理。㊸伏生：名胜，字子贱，汉代济南人，秦时博士。汉文帝派晁错向伏生学《尚书》，因此时伏生已九十多岁，由其女儿口授二十余篇，此即今文《尚书》。㊹以：因。㊺鲁共王：又作鲁恭王。汉景帝之子，名馀。曾毁坏孔子故居，从夹壁中得古文《尚书》。㊻传：解释经文的著作。㊼科斗文字：即蝌蚪文。我国的一种古代文字，头粗尾细，状如蝌蚪，因而得名。㊽升：登。堂：庙堂。㊾金石丝竹之音：指音乐。金，钟。石，磬。丝，琴。竹，管。㊿时人：当时（汉代）的人。51为隶古定：用隶书把古文字书写出来。隶书是当时通行的字体。52摩灭：磨灭，消失。摩，同"磨"。53书府：书库。54能者：指能够辨识的人。55承诏：秉承皇帝的诏令。56研精：精深探研。覃思：深入思考。57采摭：搜罗，采纳。摭，拾取，摘取。58训传：指注文和传文。训，词义的解释。59敷畅：铺陈发挥。厥：其。旨：主旨。60庶几：或许。61序：叙述。62见：同"现"。63附近：附于正文。64会：碰上，适逢。巫蛊事：汉武帝晚年崇信巫术，听信术士江充诬指太子宫中有蛊气的谎言，发兵讨伐太子，太子被逼出走，后自杀身亡。这就是汉代历史上有名的"巫蛊事件"。蛊，毒虫。65息：断绝。66闻：

【译文】

指上奏朝廷，让皇帝闻知。㊆赐……留。㊇志……志向，志趣。㊈隐……隐蔽。

古代伏羲氏统治天下的时候，开创性地绘制出八卦，构造出文字，用来替代结绳记事的方法去处理政务，从此文章典籍就产生了。

伏羲、神农、黄帝三皇时代的书籍，叫作『三坟』，它们讲的都是天人关系的重大道理；少昊、颛顼、高辛、唐尧、虞舜五帝时代的书籍，叫作『五典』，它们讲的则是治理天下的普通道理。到了夏、商、周三代，其书籍中那些对社会施行教育的内容虽然和三坟、五典不同，但是那些雅正辞诰的深奥含义，主旨与三坟、五典却是相同的，因此，历代都把它们看得很宝贵，认为它们是最高准则。演说八卦的，叫作『八索』，主旨是求索八卦的含义。记述九州的，叫作『九丘』。丘，是聚集的意思。『九丘』的内容是述说九州所辖的地域、土地所生长的物产，以及各地气候分别适宜什么植物，动物生长，以便确定各地的职责，这一切都汇集在这种书里。《春秋左氏传》说：『楚国左史倚相能够阅读三坟、五典、八索、九丘。』这句话说的三坟、五典、八索、九丘就是上古帝王遗留下来的这些书籍。

我的祖先孔子生于周代末年，看到史籍中有一些烦琐的文字，担心后世阅读它们的人不能专心一意，于是就整理并编定《礼》《乐》，使原有的篇章次序更加清楚；把《诗》删减为三百篇，依据历史记载整理《春秋》；完善《易》的原理，而废弃了『八索』；阐述职方的职责，而排除了『九丘』。整理三坟、五典，时间断限，是从尧舜往下，到周代为止。删除烦琐杂乱的文字，削去虚浮不实的言辞，揭示其大纲，提取其要点，使之能够流传后世，让人据以制定规范，施行教化，整理出典、谟、训、诰、誓、命各类文章共一百篇，用它们来弘扬那些根本道理，并为国君提供治理天下的范例。至此，帝王治理天下的法度，就明白地揭示出来，可以确立并实行了；我的祖先孔子的三千学生也都从中学到了很多道理。

到秦始皇毁灭先代的典籍、焚书坑儒的时候，天下学士为逃避这场劫难而四处奔亡，我的先人就把家中的书籍隐藏在住宅的夹墙之中。汉朝兴起之后，开设学校，广泛寻求博学高雅的儒士，以便阐发先代典籍的深奥含义。济南人伏生，当时已经年逾九十，由于失去了原有的经书，只得口头传授，而他能够口传的也只有二十多篇。这种书由于是上古时候的书，所以称为『尚书』。而这一百篇文章的要义，当时世上再没有什么人听说过。到鲁恭王的时候，由于喜欢修筑宫室，他拆毁了孔子的旧居，来扩大自己的住宅，在拆毁的墙壁中发现了我的先人隐藏的用古文字写的虞夏商周时代的书籍及其传文，另外还有《论语》《孝经》，这些书籍所用的文字都是蝌蚪文字。后来，鲁恭王又登上孔子的庙堂，听到钟、磬、琴、管等乐器奏出的音乐，于是就不再毁坏孔子的旧居，并把那些书籍全部归还给孔家。由于蝌蚪文字已经废除很久了，所以当时的人没有谁能够看得懂。于是就用从伏生那里听到的书对这些蝌蚪文字加以考究，探讨其含义，确定其中可以认识的，然后改写成隶书，再用竹简刻出来。这部书比伏生口传的《尚书》多出了二十五篇。伏生把《舜典》合并在《尧典》之中，《益稷》合并在《皋陶谟》之中，《盘庚》三篇合并为一篇，《康王之诰》合并在《顾命》之中，后来又把这篇《康王之诰》从《顾命》中分出来，这样连同序文，一共五十九篇，编为四十六卷。其余错乱散失，不可理解的，全部上呈官府，保存在官方的书库里，以等待能够读懂它们的人日后去研究。

我秉承皇上的诏令为这五十九篇经文作传解，于是便深思精研，广泛查考经书典籍，采纳名家说法，为它们写下传文。我用简约的文字申述经文含义，阐述发挥经文主旨，这样做或许会对将来有所帮助吧。

《尚书》的序文，是叙述各篇写作缘由的。意思都表达得清清楚楚，应该把它们和各篇正文放在一起，因此我便把它们拿过来分别放在相应篇章的前面，这样全书就定为五十八篇。编写完毕之后，适逢朝廷发生『巫蛊事件』，从事经籍整理的道路因此而断绝了，所以我没有再将我的传文上奏朝廷，只把它传给子孙，目的是留给后世。现在假若有爱好古代道德文章而又学问广博、志趣高雅的君子，与我的志向相同，我也愿意把我的传文拿出来与之交流，对于他们我是不会保密的。

虞夏书

尧典①

昔在帝尧，聪明文思②，光宅天下③。将逊于位④，让于虞舜。作《尧典》。

曰若稽古⑤，帝尧曰放勋，钦明文思安安⑥，允恭克让⑦，光被四表⑧，格于上下⑨。克明俊德⑩，以亲九族⑪。九族既睦，平章百姓⑫。百姓昭明，协和万邦，黎民于变时雍⑬。

乃命羲、和⑭，钦若昊天⑮，历象日月星辰⑯，敬授人时。分命羲仲，宅嵎夷⑰，曰旸谷⑱。寅宾出日⑲，平秩东作⑳。日中㉑，星鸟㉒，以殷仲春㉓。厥民析㉔，鸟兽孳尾㉕。申命羲叔，宅南交㉖，曰明都。平秩南讹㉗，敬致㉘。日永㉙，星火㉚，以正仲夏。厥民因㉛，鸟兽希革㉜。分命和仲，宅西，曰昧谷㉝。寅饯纳日㉞，平秩西成㉟。宵中㊱，星虚㊲，以殷仲秋。厥民夷㊳，鸟兽毛毨㊴。申命和叔，宅朔方㊵，曰幽都。平在朔易㊶。日短㊷，星昴㊸，以正仲冬。厥民隩㊹，鸟兽氄毛㊺。帝曰：「咨㊺！汝羲暨和㊻，期三百有六旬有六日㊼，以闰月定四时成岁㊽。允釐百工㊾，庶绩咸熙㊿。」

帝曰：「畴咨若时登庸㊿？」放齐曰㊿：「胤子朱启明㊿。」帝曰：「吁！嚚讼㊿，可乎㊿？」

帝曰：「畴咨若予采㊿？」

驩兜曰㊾：「都㊺！共工方鸠僝功㊻。」

帝曰：「吁！静言，庸违㊼，象恭滔天㊽。」

帝曰：「咨！四岳㊿：汤汤洪水方割㊽，荡荡怀山襄陵㊽，浩浩滔天㊽。下民其咨，有能俾乂㊽？」

佥曰㊽：「於㊽，鲧哉㊽！」

帝曰：「吁！咈哉㊽！方命圮族㊽。」

岳曰：「异哉！试可乃已㊽。」

帝曰：「往，钦哉㊽！」

九载，绩用弗成。

帝曰：「咨！四岳：朕在位七十载㊽，汝能庸命，巽朕位㊽？」

岳曰：「否德忝帝位㊽。」

曰：「明明扬侧陋㊽。」

师锡帝曰㊽：「有鳏在下㊽，曰虞舜。」

帝曰：「俞㊽！予闻。如何？」

岳曰：「瞽子㊽。父顽，母嚚，象傲㊽，克谐以孝烝烝㊽，乂不格奸。」

帝曰：「我其试哉㊽！」

女于时㊽，观厥刑于二女㊽。釐降二女于妫汭㊽，嫔于虞㊽。

帝曰：「钦哉！」

【注释】

①本篇是追述帝尧事迹的史书，记述了禅让帝位、公议百官，并以东西南北四方与春夏秋冬四时相配等内容。②文：治理天下。思：虑事果断善谋。③宅：充满。④逊：退避。⑤曰若：发语词，多用于追述往事的话语的开头。⑥钦：敬事节用。明：明察。安：温和。⑦允：诚实。恭：恭谨。克：能够。让：推贤尚善。⑧被：覆盖。四表：四方极远的地方。⑨格：到达。⑩俊：才智高超。⑪九族：同姓九代，即高祖、曾祖、祖、父、己身、子、孙、曾孙、玄孙。⑫平：分辨。章：彰，彰明。百姓：百官族姓。⑬时：善。雍：和。和睦。⑭羲、和：羲氏与和氏，传说中的世代掌管天地四时之官。⑮若：遵循。昊：广大。⑯历：推算。象：取法。⑰宅：居住。嵎：地名，相传在东海之滨。⑱旸谷：传说中日出之地。⑲寅：敬。宾：迎。⑳平秩：辨别测定。作：始。㉑日中：指春分这一天。这一天昼夜长短相等，所以称为日中。㉒星鸟：星名。㉓殷：确定。仲：四季中每季中间一个月份。㉔析：分开。㉕孳尾：生育繁殖。㉖交：四季转换开始的时间。㉗讹：发动运转。㉘致：到来。㉙日永：指夏至这一天。这一天白昼最长，所以称为日永。永，长。㉚星火：星名。㉛因：就，这里是就高地而居是就高地而居。㉜希革：羽毛稀疏。希，通『稀』。㉝饯：送行。纳日：日落。㉞西成：太阳西没的时刻。成，终。㉟宵中：指秋分这一天。这一天昼夜长短相等，所以称为宵中。宵，指秋分这一天。这一天白昼短，所以称为日短。㊱星虚：星名。㊲夷：平，这里的意思是回到平地居住。㊳毛毨：羽毛再生。毨，毛的更生整理。㊴朔方：北方。㊵在：观察。易：变，这里指运行。㊶日短：指冬至这一天。这一天白昼最短，所以称为日短。㊷星昴：星名。㊸隩：内，这里指入室内居住以避寒。㊹氄毛：指新生出的柔软细毛。㊺咨：感叹词。㊻暨：和，与。㊼期：一周年。有：同『又』。㊽闰月：一个回归年的时间为365天5时48分46秒，农历把一年定为354天或355天，所余时间约每三年积累成一个月，加在一年里，以补足天数，避免春

夏秋冬四时错乱。这种办法，在历法上叫作闰月。㊾允：用。釐：理，整理。百工：百官。㊾庶：众。熙：兴。㊿畴：谁。若：顺应。登：升。庸：用。㊺放齐：人名，尧帝的臣。㊻胤：后代。朱：指尧帝的儿子丹朱。启明：明达。㊼嚚：言语虚妄。讼：争辩。㊽采：事。㊾驩兜：人名，尧帝的臣。㊿共工：人名，尧帝的臣。相传他与共工狼狈为奸，为当时的"四凶"之一。㊺都：语气词，表赞美。㊻鸠：同"纠"，聚集。僝：显现。广泛。㊼汤汤：水流动的样子。割：害。㊽荡荡：水势大的样子。怀：包。襄：上。㊾滔天：对上天轻慢不敬。滔，轻慢。㊿四岳：四方诸侯的长。方：同"旁"，广泛。㊺静言：巧言。㊻滔天：这里是巨浪冲天的意思。㊼鲧：人名，尧帝的臣。相传为夏禹之父。㊽俾：使。父：治理。㊾佥：全，都。㊿於：语气词，表赞美。㊺方命：放弃教命。方，同"放"。圮：毁坏。族：族类。㊻试可乃已：试用一下，不行就算了。钦：敬。朕：我。咈：违背。㊼异：履行。㊽否：鄙陋。忝：辱没。谦辞，常用来表示没有资格或不配怎么样。㊾师：众。锡：同"赐"，意为赐言，即提议。古时下对上亦可言赐。㊿鳏：困苦。扬：推举。俞：副词，表示应对中的肯定意味。㊺瞽：指舜的父亲瞽瞍。瞽，盲人。象：指舜之弟象。烝烝：厚美。女：动词，嫁女。时：这里的意思是命令。妫：水名。汭：河弯。嫔：嫁人为妇。

【译文】

从前唐尧为帝的时候，天性聪明睿智，治理天下多谋善断，因而他的光辉照耀天下。后来他打算退位，要把帝位禅让给虞舜。史官据此撰写出《尧典》。

查考古时传说，知道那时有一位帝王，他号称尧帝，名字叫放勋。他处理政务能够敬事节用，明察四方，思虑通达，宽厚温和，诚信恭谨，并且推贤尚善，因此，他的光辉照耀四方，及于天上地下。他能够提拔和重用才智出众、品德高尚的人，使亲族上下亲密无间、和睦相处。亲族和睦之后，他又考察百官的善恶，对善者加以表彰和奖励。辨明了百官的善恶，他又努力协调各诸侯国之间的关系。这样，天下臣民的关系就友好和睦了。

在这种情况下，尧帝就向羲氏与和氏下达命令，要他们恭敬谨慎地遵循天道，推算日月星辰的运行理数，制定历法，把时令节气昭示臣民，并分别发出命令：他要羲仲居住在东方的旸谷，恭敬地迎接日出，观察并测定太阳从东方升起的时刻。他把昼夜时间长短相等、南方鸟星在黄昏时出现在正南方这一天定为春分。这时节，人们都到田野里进行劳作，鸟兽都开始生育繁殖。他要羲叔居住在南方的明都，观察并测定太阳南移的情形，恭敬地迎接太阳南归。他把白昼时间最长、火星黄昏时出现在正南方这一天定为夏至。这时节，人们又返回平地居住，鸟兽都生出新羽毛。他要和仲居住在西方的昧谷，恭敬送别落日，观察并测定日落的时刻。他把白昼时间最短、昴星黄昏时出现在正南方这一天定为秋分。这时节，人们都迁居高处，鸟兽的羽毛都稀疏起来。他要和叔居住在北方的幽都，观察并测定太阳北移的情形。他把白昼时间最长、火星黄昏时出现在正南方这一天定为冬至。这时节，人们都居住在室内，鸟兽都长出了柔密的细毛。而后，尧帝嘱咐说：『啊！羲氏与和氏啊，一年的周期实际上是三百六十六天，要用设置闰月的办法将多出三百五十四天或三百五十五天的天数加在某一年中，以此确定春夏秋冬四季，从而构成一年；并据此规定百官的职责，把各种事情都能够兴办起来。』

尧帝说：『啊！谁能顺应天时，可以提拔、重用呢？』

放齐说：『您的儿子丹朱，因为他为人开明通达，可以担当重任。』

尧帝说：『唉！他说话虚妄不实，又好与人争辩，怎么可以重用呢！』

尧帝又说：「唉！谁能遵循我的法度处理政务呢？」

驩兜说：「哦！唯有共工可以，因为他在团结众民方面已经取得了一定成效。」

尧帝说：「哼！这个人花言巧语，阳奉阴违，别看他貌似谦恭，而实际上，他对上天都敢轻慢不敬。」

尧帝又说：「啊！四方诸侯啊！滔滔的洪水正在到处肆虐，水势汹涌，包围了山岭，冲上了高冈，浩浩荡荡，狂浪蔽天。臣民们都在为此而叹息，有谁能制伏洪水，使人免受其害呢？」

众人异口同声答道：「哦！还是让鲧来担当这个重任吧。」

尧帝说：「哼！这个人违背天意，不遵守命令，祸害亲族。」

四方诸侯说：「事实并非如此啊！还是让他试一试吧，如果确实不行，再罢免他。」

尧帝说：「那么你就去吧，鲧！可是你一定要谨慎行事啊！」

结果，鲧治水九年，毫无成效。

尧帝说：「啊！四方诸侯！我在位已经七十年了，你们有谁能够顺应天命，替代我登上帝位，治理天下呢？」

四方诸侯回答说：「我们德行鄙陋，不配登上帝位治理天下。」

尧帝说：「可以在地位显赫的人中明察贤良，也可以在地位卑微的人中推荐贤良嘛。」

于是众人提议说：「现在民间有一个处境困苦的人，名字叫虞舜，他可以承继帝位。」

尧帝说：「是啊，我也听说过这个人。可是他究竟怎么样呢？」

四方诸侯说：「他是乐官瞽瞍的儿子。他的父亲心术不正，他的母亲喜欢说谎，他的弟弟叫象，这个人非常傲慢，而舜却能和他们和睦相处。他用自己的孝行和美德感化家人，妥善处理与家人的关系；他的家人也都弃恶从善，不使自己沦于邪恶。』

尧帝说：『那就让我试试看吧。』

于是尧帝决定把他的两个女儿嫁给舜，以便通过她们考察他的德行。尧帝命令他的两个女儿去到妫河河湾，在那里举行婚礼，嫁给虞舜为妻。尧帝说：『你们都去恭谨勤勉地处理政务吧！』

舜 典①

虞舜侧微②，尧闻之聪明，将使嗣位③，历试诸难。作《舜典》。

曰若稽古，帝舜曰重华，协于帝④。濬哲文明，温恭允塞⑥，玄德升闻⑦，乃命以位。慎徽五典⑧，五典克从⑨。纳于百揆⑩，百揆时叙⑪。宾于四门⑫，四门穆穆⑬。纳于大麓⑭，烈风雷雨弗迷⑮。

帝曰：『格⑯！汝舜。询事考言⑰，乃言厎可绩⑱，三载，汝陟帝位⑲。』

舜让于德⑳，弗嗣。

正月上日㉑，受终于文祖㉒。在璇玑玉衡㉓，以齐七政㉔。肆类于上帝㉕，禋于六宗㉖，望于山川㉗，遍于群神。辑五瑞㉘。既月乃日㉙，觐四岳群牧㉚，班瑞于群后㉛。

岁二月，东巡守，至于岱宗㉜，柴㉝。望秩于山川㉞，肆觐东后。协时月正日㉟，同律度量衡㊱。修五礼、五玉、三帛、二生、一死贽㊲，如五器㊳，卒乃复㊴。

五月，南巡守，至于南岳，如岱礼。八月，西巡守，至于西岳，如初。十有一月，朔巡守㊵，至于北岳，如西礼。归，格于艺祖㊶，用特㊷。

五载一巡守㊸，群后四朝㊹。敷奏以言㊺，明试以功，车服以庸㊻。

肇十有二州⁴⁶，封十有二山⁴⁷，浚川⁴⁸。

象以典刑⁴⁹，流宥五刑⁵⁰，鞭作官刑，扑作教刑⁵¹，金作赎刑。眚灾肆赦⁵²，怙终贼刑⁵³。钦哉！钦哉！惟刑之恤哉⁵⁴！

流共工于幽州，放驩兜于崇山，窜三苗于三危⁵⁵，殛鲧于羽山⁵⁶，四罪而天下咸服。

二十有八载，帝乃殂落⁵⁷。百姓如丧考妣⁵⁸。三载，四海遏密八音⁵⁹。月正元日，舜格于文祖，询于四岳⁶⁰，辟四门，明四目，达四聪。

咨十有二牧⁶¹，曰：「食哉！惟时柔远能迩⁶²，惇德允元⁶³，而难任人⁶⁴，蛮夷率服⁶⁵。」

舜曰：「咨，四岳！有能奋庸熙帝之载⁶⁶，使宅百揆⁶⁷，亮采，惠畴⁶⁸？」

佥⁶⁹曰：「伯禹作司空⁷⁰。」

帝曰：「俞！咨！禹，汝平水土，惟时懋哉⁷¹！」

禹拜稽首⁷²，让于稷、契暨皋陶⁷³。

帝曰：「俞，汝往哉！」

帝曰：「弃，黎民阻饥⁷⁴，汝后稷⁷⁵，播时百谷⁷⁶。」

帝曰：「契，百姓不亲，五品不逊⁷⁷，汝作司徒⁷⁸，敬敷五教⁷⁹，在宽。」

帝曰：「皋陶，蛮夷猾夏⁸⁰，寇贼奸宄⁸¹，汝作士⁸²。五刑有服⁸³，五服三就⁸⁴；五流有宅⁸⁵，五宅三居⁸⁶：惟明克允！」

帝曰：「畴若予工⁸⁷？」

佥曰：「垂哉⁸⁸！」

帝曰："俞，咨！垂，汝共工⑧⑨。"

垂拜稽首，让于殳斨暨伯与⑨⑩。

帝曰："俞，往哉！汝谐⑨⑪。"

帝曰："畴若予上下草木鸟兽⑨⑫？"

佥曰："益哉⑨⑬！"

帝曰："俞，咨！益，汝朕虞⑨⑭。"

益拜稽首，让于朱、虎、熊、罴⑨⑮。

帝曰："俞，往哉！汝谐。"

帝曰："咨！四岳，有能典朕三礼⑨⑯？"

佥曰："伯夷⑨⑰！"

帝曰："俞，咨！伯，汝作秩宗⑨⑱，夙夜惟寅⑨⑲，直哉惟清⑩⑩！"

伯拜稽首，让于夔、龙⑩⑪。

帝曰："俞，往，钦哉！"

帝曰："夔！命汝典乐⑩⑫，教胄子⑩⑬，直而温⑩⑭，宽而栗，刚而无虐⑩⑮，简而无傲；诗言志，歌永言⑩⑯，声依永，律和声，八音克谐，无相夺伦⑩⑦，神人以和。"

夔曰："於⑩⑧！予击石拊石⑩⑨，百兽率舞。"

帝曰："龙，朕堲谗说殄行⑩⑩，震惊朕师⑪⑪，命汝作纳言⑪⑫，夙夜出纳朕命，惟允！"

帝曰："咨！汝二十有二人，钦哉！惟时亮天功⑬。"

三载考绩，三考黜陟⑭，幽明庶绩咸熙⑮。分北三苗⑯。

舜生三十，征庸三十⑰，在位五十载，陟方乃死⑱。

【注释】

①本篇记述舜即帝位前能够经受住各种考验，即位后又勤政任贤，为民事鞠躬尽瘁的事迹。②侧微：隐居民间，出身微贱。③嗣：继承。④协：协和一致。⑤浚：深邃。哲：智慧。⑥允：确实。塞：充满。⑦玄德：潜蓄不显于外的品德。⑧徽：美，善。⑨五典：指五常之教，即父义、母慈、兄友、弟恭、子孝。⑩纳：赐予职权。百揆：百官事务。⑪时叙：承顺。⑫宾：迎接宾客。⑬穆穆：和睦。⑭大麓：官名，看守山林的官吏。⑮迷：迷误。⑯格：呼语，来。⑰询：谋划。⑱厎：一定。⑲陟：登上。⑳德：这里指有德之人。㉑上日：吉日。㉒终：指尧因年迈而禅让的帝位。㉓在：观察。璇玑玉衡：北斗七星。璇玑为魁，玉衡为杓。㉔齐：动词，排列。政：七项政事，即祭祀、班瑞（颁赐瑞玉）、东巡、南巡、西巡、北巡、归格艺祖（归来后到太庙祭祀）。㉕肆：于是。类：祭礼名，即文祖：尧的太庙。㉖禋：泛指祭祀。六宗：指天地与四季。古人认为'万物非天不覆，非地不载，非春不生，非夏不长，非秋不收，非冬不藏'，故称天地合四季为六宗。㉗望：祭礼名，祭祀山川之礼。㉘辑：聚集。㉙既月乃日：五瑞：作为诸侯信符的五种玉器，分五等。公，桓圭；侯，信圭；伯，躬圭；子，谷璧；男，蒲璧。㉚觐：朝见天子为觐。牧：官长。㉛班：同'颁'。后：诸侯国国君。选了吉月，又择吉日。月、日在这里均为动词。㉜岱宗：东岳泰山。㉝柴：祭祀名，其法为积柴加牲其上而烤之。㉞秩：次序。㉟协：确定。时：四季。正：确定。㊱同：统一。律：古乐音律。度：丈尺。量：斗斛。衡：斤两。㊲五礼：公、侯、伯、子、男五等礼节。五玉：五种

玉器，即上文的五瑞。三帛：供垫玉用的赤、黑、白三种颜色的丝织品。二生：活羊羔和雁。生，即『牲』。一死一只死野鸡。贽：赞礼，即朝见帝王时进献的贡品。㊳如：而。五器：即上文的五玉。㊴卒：终，指礼毕。复：归还。㊵朝：北方。㊶格：列。艺祖：即上文的文祖。㊷特：公牛。㊸四朝：在四岳朝见。㊹敷奏：报告。㊺庸：功劳。㊻肇：开始。㊼封：封土为坛。㊽浚：疏通。㊾象：刻，画。典刑：常用的刑罚。典，常。这句话的意思是把常用的刑罚刻画在器物上，以示警诫。㊿流：流放。宥：宽恕。五刑：指墨、劓、剕、宫、大辟五种刑罚。51扑：古代学校用来惩诫学生的木棍，这里指扑刑。52眚：过失。53怙：坚持。贼：『则』的假借字。54恤：谨慎。55窜：逐，流放。三苗：古国名。三危：古地名。56殛：流放。羽山：古地名。57殂落：死亡。58考：死去的父亲。妣：死去的母亲。59遏：断绝。密：寂静。八音：金、石、丝、竹、匏、土、革、木八种乐器，这里泛指音乐演奏。60询：商议，谋划。61牧：长官。62柔：安抚。能：善。迩：近。63惇：厚。允：诚信。元：善。64难：疏远。任人：奸佞之人。任，佞。65率：循。66熙：光大。载：事。67百揆：这里是官名，百官之长。68亮：辅助。采：事。惠：助词，无义。69金：都。70司空：官名，三公之一，掌管土地。71时：是，这，指上文所说的官职。懋：勉力，努力。72稽首：叩头。畴：谁。73暨：和，与。74黎：众。阻：困。75后：君长，这里用作动词，主持的意思。稷：官名，主管农业。76时：同『蒔』，栽种。77五品：指父、母、兄、弟、子。逊：和顺。78司徒：官名，三公之一，主管教化。79敷：施行。五教：即五品之教。80猾：扰乱。夏：中国。81寇：抢劫。贼：杀人。奸：外部的贼寇。宄：内部的奸佞。82士：狱官之长。83服：用。五刑：五种刑罚。84三：指三个远近不同的地方，即野、市、朝。85五流：五种流刑。宅：处所。86三居：远近各异的三个地方。87若：之教。80猾：扰乱。夏：中国。善。工：掌管百工之官。88垂：人名。89共工：官名。90殳斨：人名。伯与：人名。91谐：同『偕』，一同。92上下指山陵和草泽。93益：人名。94虞：官名，管理山林之官。95朱、虎、熊、罴：均为人名。96典：主持。三礼：天事、地事、人事之礼。(97)伯夷：人名。(98)秩宗：官名，掌管祭祀礼仪之官。(99)夙：早晨。寅：恭敬。(100)直：正直。清：清明。(101)夔龙：人名。(102)乐：官名，掌管音乐之官。(103)胄子：稚子。(104)栗：战栗，这里是谨慎的意思。(105)无：不，不要。(106)永：同『咏』。(107)夺：失去。伦：次序。(108)於：感叹词。(109)拊：轻轻敲击。石：乐器，即磬。(110)塈：厌恶。殄：贪婪。(111)师：众，这里指民众。(112)纳言：官名，帝王的代言人。(113)天功：天下大事。(114)黜：罢免。陟：提升。(115)熙：兴盛。(116)分北：分别。北，同『背』，别。(117)征庸：征召、任用。(118)陟方：这里指南巡衡山。方，方岳，即四岳。四岳乃四方之岳，故称方岳。相传舜时衡山一带的有苗作乱，舜南征有苗，死于苍梧之野。

【译文】

虞舜出身微贱，长期隐居于民间。后来尧帝听说他聪明睿智，便打算让他继承帝位。为此，尧帝曾多次用繁难的事情考验他。史官据此撰写出《舜典》。

查考古时传说，知道那时有一位帝王，他号称帝舜，名字叫重华，其圣明的风范跟尧帝完全一样。他深邃的智慧照耀四方，谦恭的美德溢满天地，这种潜蓄不露的高尚品德终于被朝廷闻知，于是朝廷就把他征召上去，授予相当的官职。首先，让舜推行日常教化；舜便教导臣民做到父义、母慈、兄友、弟恭、子孝，使臣民都严格遵从，而不违背人伦。而后，让舜总理百官事务，舜把各种事务处理得井然有序。接着，让舜在明堂的四门接待四方来朝的宾客，而舜使四方宾客都能够友好相处。最后，又让舜担任守护山林的官职，舜尽职尽责，即使遭遇疾风暴雨，也不曾有过失误。

尧帝说：『来吧，舜！我和你共同谋划政事，借此考察你的言论，觉得按你的主意办事一定会取得成功。这种考察已经三年了，现在你就登上帝位吧。』

舜却要把帝位让给有道德的人，不肯继承大位。

正月的一个吉日，在尧的太庙举行禅让大典，舜继承了帝位。即位后，舜观察了北斗七星的运行情况，列出七项政事；而后又举行祭天大典，向上天报告他承继帝位之事。他怀着精诚之心祭祀天地和四时，叩拜山川和诸神，并搜集了五种圭玉，择定吉月吉日，接受四方诸侯的朝见，把这些圭玉作为信符颁发给他们。

当年二月，舜到东方进行巡视。抵达泰山之后，就举行祭祀大典，祭祀泰山；对于其余的山川，也按其地位的尊卑一一进行祭祀。在这里，他还接受了东方诸侯的朝见。而后，他根据观察天象所得到的结果，确定春夏秋冬四时的月份和每月的天数，统一音律和度量衡；制定公、侯、伯、子、男五等朝聘礼仪和与五等朝聘礼仪相应的五种玉质信符；规定诸侯朝见的贡品为赤、黑、白三种不同颜色丝织品，卿大夫的贡品是一只活羊羔和一只生雁，士的贡品则只是一只宰杀过的野鸡。等到朝见完毕后，这五种信符还要还给诸侯。

五月，舜到南方巡视。抵达南岳后，也举行了祭祀，礼仪跟祭祀泰山时一样。八月，舜到西方巡视。抵达西岳后，又举行祭祀，礼仪跟第一次出巡时一样。十一月，舜到北方巡视，礼仪跟祭祀西岳时一样。出巡归来后，他先到尧的太庙进行祭祀，祭品用的是一头牛。

从此以后，舜帝每五年出巡一次。在舜帝出巡过程中，诸侯分别在四岳朝见他，向他报告自己的政绩；舜帝也要全面考察诸侯施政的得失，并把车马衣物赏赐给有功绩的诸侯。

舜帝首次划定天下十二州的疆界，在十二州的名山之上封土设坛，供祭祀之用；舜还疏通了河道。

舜帝还在器物上刻画出五种常用刑罚的图样，以警诫臣民。规定用流放的办法从宽处罚触犯五刑的罪人，把鞭刑作为处罚官府犯罪官员的刑罚，杖刑作为处罚学校违犯礼仪者的刑罚；并规定了犯有罪行而向官府缴纳黄金可以免罪的赎刑。如果只是犯有过失，就予以赦免。如果犯了罪，并且罪行较重又不思悔改，则要严加惩处。不过，舜还规定，施用刑罚要慎重再慎重。

在这种情况下，舜帝把共工流放到幽州，把驩兜流放到崇山，把三苗驱逐到三危，把鲧流放到羽山。四个犯有重罪者都受到了应得的惩罚，天下臣民无不心悦诚服。

舜承继帝位二十八年后，尧帝逝世了。臣民非常悲痛，像自己死了父母一样哀伤。此后三年间，举国上下停止奏乐，四海之内一片沉寂。守丧三年期满，在正月初一，舜帝来到尧的太庙，与四方诸侯共商国是。这时明堂四门洞开，宣布政教，让四方臣民看得明明白白，听得清清楚楚。

"啊，十二州的君长们！"舜帝说，"穿衣吃饭是天下臣民的一件大事啊，因此治理天下首先必须做到不违农时！对远方的臣民要安抚，对近处的臣民要爱护，对有道德的人要亲厚，对善良的人要信任，对奸邪的人要疏远。这样，连边远的外族都会对你们臣服。"

舜帝说："啊！四方诸侯！你们之中，有谁能够奋发努力，发扬光大先帝的业绩，出来总理百官，辅佐政事呢？"

四方诸侯一致答道："伯禹可以做司空。"

舜帝说："好啊！禹，你治理水土很有功劳，希望你更加努力，承担起这个重任！"

禹跪拜叩头，要把这个职务让给稷、契和皋陶。

舜帝说："你这种态度很好，不过还是你来担当这个重任吧！"

舜帝说："弃，现在人们都在忍饥挨饿，你主持农耕，去教导人们如何种田吧！"

舜帝说："契，现在百官之间关系很不友好，父母、兄弟、子女之间关系也不和顺，你做司徒吧，认真地对臣舜帝说："皋陶,远方的外族不断袭扰我们中国,他们抢劫财物,行凶杀人,给我们造成外患和内忧。你担任狱官之长吧,用五刑惩罚那些违法犯罪的人。五刑各有不同的使用原则和方法,罪行严重者,押送到郊野行刑;罪行较轻者,分别情况押送到街市、朝廷行刑。流放也有五种,根据罪行轻重分别放逐到三种远近不同的地方。你可要明察案情、公正量刑啊。"

舜帝说:"谁能够担任百工之长这个职务?"

四方诸侯一齐答道:"让垂来担任吧!"

舜帝说:"好啊!垂,你就担任百工之长吧。"

垂跪拜叩头,要把这个职务让给殳斨和伯与。

舜帝说:"好了,去吧!让他们协助你负责这项事务吧。"

舜帝说:"谁能够替我掌管山林川泽中的草木鸟兽呢?"

四方诸侯都说:"让益去掌管吧!"

舜帝说:"好吧!益,你来担任这个职务吧。"

益跪拜叩头,要把这个职务让给朱、虎、熊、罴。

舜帝说:"好了,去吧!让他们协助你负责这项事务吧。"

舜帝说:"啊!四方诸侯,有谁能够替我主持三礼呢?"

四方诸侯都说:"伯夷可以!"

舜帝说:"好吧!伯夷,你就担任祭祀礼官吧。不论是早晨还是晚上,祭祀时都要态度恭恭敬敬,心气端正清明。"

伯夷跪拜叩头,要把这个职务让给夔和龙。

舜帝说:"好了,去吧!你可要谨慎行事啊!"

舜帝说:"夔啊!任命你担任乐官,去教导那些年轻人,要他们正直而温和,宽厚而谨慎,刚毅而不粗暴,谦敬而不傲慢。诗是表达人的思想情志的,歌则是咏唱表达思想情志的言语的,声调出自思想情志,音律则与声调相和谐。八种乐器合奏要和谐有致,秩序不能紊乱,这样神和人听了才会感到快乐,并由于快乐而导致人神关系和谐亲密。"

夔说:"啊!让我敲起石磬,奏起乐曲,把那成群的野兽都感染得跳起来、舞起来吧!"

舜帝说:"龙啊!我非常厌恶逸谤的言论和贪婪的行为,因为它们会使我的臣民惊恐不安。任命你担任纳言之官,不论时间早晚,都要及时下达我的命令,上报臣民的愿望和要求,而且必须真实无误!"

舜帝说:"啊!你们二十二个人,履行职责时都要谨慎啊!要妥善地处理天下大事啊!"

舜帝每三年考察一次百官的政绩,考察三次之后,罢免了一批昏庸的官员,提拔了一批贤明的官员。这样,各项事业都兴盛起来了;同时,又对三苗分别加以处置。

舜三十岁时被征召任用,居官三十年后承继帝位,在位五十年,于南巡时在途中去世。

大禹谟①

皋陶矢厥谟②,禹成厥功③,帝舜申之④。作《大禹》《皋陶谟》《益稷》。

曰若稽古。大禹曰:"文命敷于四海⑤,祗承于帝⑥。"曰:"后克艰厥后⑦,臣克艰厥臣,政乃乂⑧,黎民敏德⑨。"

帝曰：「俞！允若兹⑩，嘉言罔攸伏⑪，野无遗贤，万邦咸宁。稽于众，舍己从人，不虐无告⑫，不废困穷，惟帝时克。」

益曰：「都，帝德广运⑬，乃圣乃神⑭，乃武乃文⑮，皇天眷命⑯，奄有四海为天下君⑰。」

禹曰：「惠迪吉⑱，从逆凶，惟影响⑲。」

益曰：「吁！戒哉！儆戒无虞⑳，罔失法度，罔游于逸㉑，罔淫于乐㉒。任贤勿贰，去邪勿疑，疑谋勿成，百志惟熙㉔。罔违道以干百姓之誉㉕，罔咈百姓以从己之欲㉖。无怠无荒，四夷来王㉗。」

禹曰：「於！帝念哉！德惟善政，政在养民。水、火、金、木、土、谷惟修，正德、利用、厚生惟和㉘，九功惟叙㉙，九叙惟歌㉚。戒之用休㉛，董之用威㉜，劝之以九歌，俾勿坏㉝。」

帝曰：「俞！地平天成㉞，六府三事允治，万世永赖㉟，时乃功㊱。」

帝曰：「格㊲，汝禹！朕宅帝位三十有三载，耄期倦于勤㊳。汝惟不怠，总朕师㊴。」

禹曰：「朕德罔克，民不依。皋陶迈种德㊵，德乃降㊶，黎民怀之。帝念哉！念兹在兹㊷，释兹在兹㊸，名言兹在兹㊹，允出兹在兹㊺，惟帝念功。」

帝曰：「皋陶，惟兹臣庶，罔或干予正㊻。汝作士㊼，明于五刑，以弼五教㊽，期于予治㊾，刑期于无刑，民协于中㊿，时乃功，懋哉㊾！」

皋陶曰：「帝德罔愆㊾，临下以简，御众以宽㊾。罚弗及嗣㊾，赏延于世㊾，宥过无大㊾，刑故无小。罪疑惟轻，功疑惟重。与其杀不辜，宁失不经㊾。好生之德㊾，洽于民心㊾，兹用不犯于有司㊾。」

帝曰：「俾予从欲以治，四方风动㊾，惟乃之休。」

帝曰：「来，禹！降水儆予，成允成功㊾，惟汝贤。克勤于邦，克俭于家，不自满假㊾，惟汝贤。汝惟不矜㊾，天下莫与汝争能。汝惟不伐⑥，天下莫与汝争功。予懋乃德，嘉乃丕绩，天之历数在汝躬，汝终陟元后。人心惟危，道心惟微⑱，惟精惟一，允执厥中。无稽之言勿听，弗询之谋勿庸。可爱非君？可畏非民？众非元后⑲，何戴⑳？后非众罔与守邦？钦哉！慎乃有位㉑，敬修其可愿㉒，四海困穷，天禄永终㉓。惟口出好兴戎㉔，朕言不再。"

禹曰："枚卜功臣㉕，惟吉之从。"

帝曰："禹！官占惟先蔽志㉖，昆命于元龟㉗。朕志先定，询谋佥同，鬼神其依，龟筮协从㉘，卜不习吉㉙。"

禹拜稽首固辞。

帝曰："毋！惟汝谐㉚。"

正月朔旦㉛，受命于神宗㉜，率百官若帝之初。

帝曰："咨，禹！惟时有苗弗率㉝，汝徂征㉞。"

禹乃会群后，誓于师曰："济济有众，咸听朕命。蠢兹有苗㉟，昏迷不恭，侮慢自贤，反道败德，君子在野，小人在位，民弃不保，天降之咎㊱，肆予以尔众士，奉辞伐罪㊲。尔尚一乃心力㊳，其克有勋。"

三旬，苗民逆命㊴。益赞于禹曰㊵："惟德动天，无远弗届㊶。满招损，谦受益，时乃天道。帝初于历山㊷，日号泣于旻天㊸，于父母，负罪引慝㊹。祗载见瞽瞍㊺，夔夔斋栗㊻，瞽亦允若。至诚感神㊼，矧兹有苗㊽。"

禹拜昌言曰㊾："俞！"班师振旅。帝乃诞敷文德⓵，舞干羽于两阶⓶。七旬，有苗格⓷。

【注释】

① 本篇是舜帝和大臣禹以及益、皋陶讨论政务的记录，记述尧帝的功绩和禹、益、皋陶的治国见解。② 矢：陈述。谟：谋略。③ 成：陈述。④ 申：重视。⑤ 文命：文德之教。敷：遍布。⑥ 祗：恭敬。⑦ 后：君王。艰：以……为艰。

⑧父：治理。⑨敏：勤勉。⑩兹：这。⑪周：无，不要。攸：所。⑫无告：无处求告的人，指鳏寡孤独者。⑬广……大运……

⑭乃：语助词。⑮武：能平定祸乱。文：能经天纬地。⑯眷：念。⑰奄：覆，盖。⑱惠：顺。

迪：道理。⑲影响：影随形，响应声，意思是君王要顺应天道，把当好君王视为难事。⑳微：戒备。虞：预料。㉑逸……

放纵。㉒淫：过分。㉓成：实现。㉔熙：广。㉕干：求。㉖咈：违反。㉗王：使……为王。㉘正德：使德行正当，正，使……

正。德，指父慈、子孝、兄友、弟恭、夫义、妇顺。利用：兴利除弊，提供物用。厚生即下文所称的三事，合六府三事，总称九功。㉙九功……

上文的水、火、金、木、土、谷即下文所称的六府，和正德、利用、厚生即下文所称的三事，合六府三事，总称九功。

叙……安排。㉚歌：颂扬。㉛休：美。这里指美德。㉜董：监督，管理。㉝俾：使。㉞天：指自然界的万物。㉟赖：利

㊱时：代词，同『是』，这。乃：你的。㊲格：呼语，来。㊳耄：年迈。八九十岁年纪称耄耋。期：年迈。百岁称期颐

㊴总：领，统帅。㊵迈：健行。种：分布。㊶降：遍及。㊷怀：归附。㊸兹：这。

㊹名言：称言使之扬名，即称颂。㊺出：行。㊻或：有人。干：冒犯。正：同『政』。㊼士：官名。㊽弼：辅佐。五教：

即君臣、父子、夫妇、长幼、朋友五品之教。㊾期于予治：希望助我治理政事。

失。㊿御：驾驭。㊺嗣：子孙。㊻延：延续。世：后世。㊼宥：宽恕。过：过错。不知而犯的错误为过。下文的『故』

则是明知故犯的错误。无大：不论多大。㊽不经：不守正道之罪过。

有司：官府。㊿风动：风吹草动，比喻纷纷响应。㊼成：说到做到。允，信实。㊽自满假：即自满自假。假，浮夸。

矜：夸耀。㊸伐：夸耀。㊻丕：大。㊼历数：即气数。躬：自身。㊽道心：合乎道义之心。㊾非：除非。㊿戴：拥戴。

慎乃有位：慎守你的职责。㊼可愿：所愿。㊸终：止。㊹好：这里指善言。戎：战争。㊺枚卜：占卜。古代用占卜

选官，吉者入选。㊼蔽：断定。㊸昆：然后。元龟：大龟。元，大。㊹龟筮：即龟甲和蓍草。二者均为古人占卜的工

⑦习……重复。⑧谐……适合。⑧朔……农历每月初一日。⑧神宗……尧的宗庙。"神"字在这里表示尊敬和崇拜。⑧有苗……古代部族,又称三苗。有,名词词头,无义。率……遵。⑧徂……往。⑧蠢……骚动不安的样子。⑧咎……灾。⑧辞……指上文舜所说的"惟时有苗弗率,汝徂征"。⑧一……动词,统一。⑧逆……违,违背。⑨赞……辅佐。⑨届……到。⑨帝初于历山……指舜当初曾在历山种田。⑨旻天……天空。⑨负罪……自己承担罪名。引……招来。⑨瞽瞍……舜的父亲。⑨夔夔……敬惧的样子。斋栗……庄敬的样子。⑨诚……诚信。⑨矧……何况。⑨拜受……敬拜之后再接受。⑩昌言……美言。⑩诞……广,广大。⑩干……盾。羽……羽毛舞具,即翳。⑩格……本义为到,这里是归顺的意思。

【译文】

皋陶陈述了自己的谋略,禹陈述了自己的功业,舜帝对他们的言论很重视。史官记录下他们之间的对话,撰写出《大禹谟》《皋陶谟》和《益稷》。

查考古时传说,知道那时舜帝跟大臣禹和皋陶有过一番对话。大禹说:"将文德之教播扬于天下,是恭承尧舜二帝的风范。"又说:"如果君王能把做好君王视为畏途,臣子能把做好臣子看得十分艰难,那么国事就会治理好,臣民也都会勉力恭行德教了。"

舜帝说:"是啊!如果真是这样,那么那些良善的言论就不会被埋没,贤德的俊才就不会被遗弃在民间,万国也都会太平无事了。参考众人的言论,抛弃自己的错误想法,采纳别人的正确意见,不虐待孤苦无依的人,不嫌弃困窘贫穷的人,这些,只有尧帝才能做得到。"

益说:"啊!尧帝的德行气象广大而影响深远,多么圣明,多么神妙;施于武功能够平定祸乱,行于文治能够治国安邦。尧帝时时顾念上天之命,深知不可违误,便勤勉理政,终于拥有四海,而成为主宰天下的君王。"

禹说："遵从善道就会获得吉祥，依顺恶道就会招致凶险。吉与凶、善与恶之间，就如同影子之于形体、回音之于声响一样，彼此有一种因果关系。"

益说："嘘！要多加警戒啊！要防备预料不到的事情，不要违反法度，不要过分享乐。任用贤良不要三心二意，除去奸邪不要犹豫不决。把握不准的主意，考虑问题的时候，思路应当开阔。不要违背正道去谋求百姓的赞誉，不要违背百姓的意愿去满足自己的欲望。只要坚持正道，不怠惰，四方的异族就会前来归附，尊你为王。"

禹说："啊！舜帝，请你仔细思量思量益所说的这番话吧！所谓有德，就是能够妥善处理政事，而政事的根本则在于养活和教育百姓。水、火、金、木、土、谷这六件事固然应该治理，而端正人们的德行、为人们的物用提供便利，使人们的生活富足起来，这三件事也要同时办好。以上这九件事一定要办好；而一旦这九件事办好了，人民就会颂扬君王的德政。要用美好的德政劝诫众人，用严峻的刑罚督察众人，用九歌勉励众人，以确保君王的德政不致被败坏。"

舜帝说："你的意见非常正确！水土得到平治，万物顺利成长，六府三事都真正得到治理，使天下千秋万世永享其利，这都是你的功劳。"

舜帝说："你来吧，禹！我居帝位已经三十年，加上现在也已经年迈了，被这些辛劳的政务累得疲惫不堪。你处理政务从不怠情，现在就来全权领导我的臣民吧。"

禹说："我的德行还不能胜任这一重任，再说，我来承当这一重任，百姓也不会服从我。而皋陶豪迈健行，他推行德政，使德教得以普及，因此民心都向着他。舜帝啊，这一点，您可要考虑啊！整天惦念着德政和德教的，是皋陶；

不懈宣扬着德政和德教的，是皋陶；经常颂扬德政和德教的，也是皋陶。舜帝啊，您可千万不要忘了皋陶的功劳啊！」

舜帝说：「皋陶！群臣和百姓，没有人敢于亵渎我的政教。你身为士官，精通五刑，并用五刑来辅助五品教化；你辅佐我处理政事，使用刑罚，是为了以后不再使用刑罚，使人们遵从正道，这都是你的功劳，你应当受到嘉奖啊！」

皋陶说：「您身为帝王，德行完美，没有过失。您领导臣下简易不烦，治理百姓宽厚不苛，惩罚不株连子孙，赏赐却延及后代。不知而误犯的过失，无论多大都能宽恕；明知而故犯的罪错，无论多小都要惩罚。您论罪时，只要有可轻可重的疑难，就从轻处罚；赏功时，只要有可轻可重的疑难，就从重赏赐。您处罚时，与其枉杀没有罪过的人，宁可抛弃不守正道的人。您这种爱惜生灵的美德，已经深入人心，因此，人们都不会去冒犯自己的上司。」

舜帝说：「你使我能够按照自己的意志治理国家，并得到四方响应，这是你的美德。」

舜帝说：『你来吧，禹！上天降下洪水警告我们，你说到做到，完成了治水大业，这是你的美德。你为国家大事不辞辛劳，而居家生活却朴素节俭，并且不自我满足，不自相虚夸，你不夸耀自己的才干，因而天下人没有谁与你比量能力；你不夸耀自己的功绩，因而天下人没有谁与你争夺功劳。我称道你有大德，褒奖你的大功，帝王继统的运数已经显应在你的身上，最终应当由你承继君王大位。现在正当权力更迭之际，人心险恶，不可揣测；道心幽昧，难以明察，只有精诚专一，实实在在地实行中正之道才是。没有根据的话不可轻易相信，没有征询过众人意见的主意不要轻易采纳。百姓所爱戴的不是君王吗？君王所畏惧的不是百姓吗？百姓失去了君王，还拥戴谁去治理国家呢？君王失去了百姓，还依靠谁去保卫国家呢？君王同百姓的关系应当非常密切，在这一点上，你可千万要谨慎啊！谨慎地履行你的职责，恭敬地从事你愿意从事的事业。如果天下的百姓都困苦贫穷，你的禄位就会永远终结。人们说话，既能口出善言而带来和平，也能口出恶言而引起战争，这一点你很清楚，我就不再多说了。』

禹说：『还是对功臣逐一进行占卜，让占得吉兆的人承继您的帝位吧！』

舜帝说：『禹啊！用官卜的方法进行占卜，问卜者应当在占卜之前定下意向，这样，大龟才会显示吉凶。现在我把帝位传与你的意向已经事先定下，征询众人的意见，大家的看法都和我相同；如果征询鬼神的意见，鬼神一定会依从人意；如果进行龟卜或者占，结果也会与人意一致。但是你要知道，吉兆不是会重复出现的。』

禹跪拜叩头，再三推辞。

舜说：『不必推辞了！只有你才适合继承帝位。』

正月初一清晨，禹在尧帝的太庙受命承继帝位。他率领百官参加禅让大典，就像当初舜帝承继尧帝的帝位的时候那样。

舜说：『唉，禹啊！三苗是不会遵守教命的，你去讨伐他们吧。』

于是，禹就调集各路诸侯，誓师说：『众位君长，都要听从我的命令！蠢蠢欲动的三苗，昏乱糊涂，不恭不敬，侮慢中国，妄自尊大，违背正道，败坏德义，君子遭斥逐，小人受重用，百姓被抛弃，不能安居乐业，上天已降下灾祸来惩罚他们。因此，我率领众位，谨奉舜帝的旨意，讨伐有罪的三苗，希望你们能够同心协力，建立功勋。』

三十天之后，三苗继续违抗舜帝的命令。益帮助禹进行谋划，向禹献策说：『只有美德才能感动上天，有了美德，无论多远的人都会前来归附。自满会给自己招致损害，谦虚会使自己得到益处，这是上天指示的正道，不能违反。

当年，舜帝在历山从事农耕，来往于田间，每天都对着上苍大哭号啕。对于不义的父亲和不慈的继母，他毫无怨言，宁可自己背负不孝的罪名，招来邪恶的名声。他恭敬地侍奉父亲瞽瞍，见了父亲，总是一副恭敬畏惧的样子；瞽瞍后来也确实因而和顺了。至和至诚的美德连神灵都能打动，又何况三苗呢！

禹敬拜益，接受了他的这一美好建议，称赞说：『对呀！』于是，就撤回军队，整顿士兵。而后，舜帝广泛施行文明德治，让士兵放下武器，拿起舞具盾和翳，在台阶前舞蹈。撤兵七十天后，三苗就归顺中国了。

皋陶谟①

曰若稽古。皋陶曰：『允迪厥德②，谟明弼谐③。』

禹曰：『俞，如何？』

皋陶曰：『都！慎厥身，修思永④。惇叙九族⑤，庶明励翼⑥，迩可远在兹。』

禹拜昌言曰⑦：『俞！』

皋陶曰：『都！在知人，在安民。』

禹曰：『吁！咸若时，惟帝其难之。知人则哲，能官人⑧；安民则惠，黎民怀之。能哲而惠，何忧乎驩兜？何迁乎有苗⑨？何畏乎巧言令色孔壬⑩？』

皋陶曰：『都！亦行有九德⑪。亦言其人有德。乃言曰："载采采⑫。"』

禹曰：『何？』

皋陶曰：『宽而栗⑬，柔而立⑭，愿而恭⑮，乱而敬⑯，扰而毅⑰，直而温⑱，简而廉⑲，刚而塞⑳，强而义㉑，彰厥有常㉒，吉哉㉓！』

"日宣三德,夙夜浚明有家㉔,日严祗敬六德㉕,亮采有邦㉖,翕受敷施㉗,九德咸事㉘,俊乂在官㉙,百僚师师㉚,百工惟时㉛,抚于五辰㉜,庶绩其凝㉝。"

"无教逸欲,有邦兢兢业业㉞,一日二日万几㉟。无旷庶官㊱,天工人其代之㊲?天叙有典㊳,敕我五典五惇哉㊴。

天秩有礼,自我五礼有庸哉㊵。同寅协恭和衷哉㊶。天命有德,五服五章哉㊷。天讨有罪,五刑五用哉。政事懋哉懋哉。

"天聪明㊸,自我民聪明;天明畏㊹,自我民明畏。达于上下,敬哉有土㊺!"

皋陶曰:"朕言惠,可厎行㊻?"

禹曰:"俞!乃言厎可绩。"

皋陶曰:"予未有知,思曰赞赞襄哉㊼。"

【注释】

①本篇是皋陶和禹讨论如何实行德政治理国家的会议记录,记述皋陶『慎身』『知人』『安民』的主张。②迪⋯⋯实行。③谟⋯⋯议谋。④永⋯⋯久。⑤惇⋯⋯敦厚。叙⋯⋯次序。⑥明⋯⋯贤明。励⋯⋯勉力。翼⋯⋯辅助。⑦昌言⋯⋯美言。⑧人⋯⋯这里指官吏。⑨迁⋯⋯放逐。⑩巧言⋯⋯花言巧语。令色⋯⋯讨好谄媚的神情。令,美。孔⋯⋯大。壬⋯⋯奸佞。⑪亦⋯⋯大凡。⑫载⋯⋯试,验证。采采⋯⋯事事,即从事种种事情。采,事。⑬栗⋯⋯谨慎警惧。⑭立⋯⋯特立独行。⑮愿⋯⋯老实厚道。⑯乱⋯⋯治。⑰扰⋯⋯顺。⑱温⋯⋯和。⑲简⋯⋯大,宏大,远大。⑳塞⋯⋯实。㉑义⋯⋯良善。㉒有常⋯⋯这里指有常德的人。㉓吉⋯⋯善。㉔浚⋯⋯恭敬明勉力。家⋯⋯大夫封地。㉕严⋯⋯庄重。祗⋯⋯恭谨。㉖亮⋯⋯辅助。邦⋯⋯诸侯封地。㉗翕⋯⋯聚合。㉘事⋯⋯任职。㉙俊乂⋯⋯这里指公卿。㉚百僚⋯⋯指大夫。师师⋯⋯互相效法。㉛百工⋯⋯百官。工,官。时⋯⋯善。㉜抚⋯⋯顺从。五辰⋯⋯本指金、木、水、

火、土、五星，这里泛指天象。㉝庶：众。凝：定，成就。㉞兢兢：小心谨慎。业业：畏惧戒惕。㉟一日⋯⋯二日⋯⋯一天、万几：万端。㊱旷：虚设。㊲天工：天命之事。㊳典：常，指常规、常法。㊴敕：命令。㊵自：循。五礼：天子、诸侯、卿大夫、士、庶民的五级礼仪。庸：常。㊶寅：敬。㊷服：指礼服。章：同"彰"。㊸聪明：耳敏为聪，目锐为明。㊹明畏：明的意思是表彰好人，畏的意思是惩治坏人。㊺有土：保存国土，这里指保持帝王的地位。㊻厎：一定。㊼赞赞：努力辅佐的样子。赞，辅佐。襄：辅佐。

[译文]

查考古代传说，知道皋陶和禹曾在舜帝面前讨论过如何通过实行德政治理国家的问题。

皋陶说：『只有切实实行先王的德政，才能够使朝廷决策英明，群臣同心同德。』

禹说：『是啊！可是怎样实行德政呢？』

皋陶说：『啊！首先，要严于律己，坚持不懈地进行自我修养，提高自己的道德品行。同时，还要以宽厚的胸怀对待亲族的人，使大家也都贤明起来，勉力辅助您治理国家。要实行德政，就应当从这里做起，这就是所谓的由近及远的方法。』

听了这番精彩的议论，禹非常佩服，拜谢说：『非常正确呀！』

皋陶说：『啊！实行德政提高自身修养之外，还要知人善任，正确地选拔和使用官员，关心百姓，安定民心。』

禹说：『哎呀！要完全做到以上两点，恐怕连先帝也会感到困难。知人善任，会使自己显得明达睿智，可是明达睿智，才能任人唯贤，安定民心，就会使自己受到人们爱戴，而只有受人爱戴，百姓才会怀念他。可是明达睿智、受人爱戴如尧、舜二位贤明的先帝，却还须提防驩兜这样的权臣，放逐三苗这样的部族，警惧那些巧言令色的大奸大佞，这又是为什么呢？

皋陶说："啊！大凡良善行为，都来源于九种美德。因而检验某人是否具有某种美德，除了考察他的言论之外，往往还要对他说："先去做些事情，验证一下吧。""

禹问："那么，九种美德究竟是些什么样的品德呢？"

皋陶解释说："我说的九种美德是：既恢宏大度又小心谨慎，既温和文雅又特立独行，既忠厚诚实又严肃庄重，既卓有才识又敬业守勤，既柔顺驯服又刚毅果决，既正直耿介又和蔼可亲，既宏大豪放又严谨审慎，既刚正坦荡又认真务实，既强雄豪迈又仁义善良。应当树立和表彰那些持守这九种美德的贤人，因为这是一桩善政中的善政啊！

"如果一个人每天都能在自己的所作所为中显示出他具有九种美德中的三种，而且一天到晚都能恭敬而努力地按照这些道德规范行事，那么他就可以做公卿。如果一个人每天都能庄重而恭谨地按照九种美德的六种行事，那么他就能够辅佐天子而成为诸侯。如果天子能够九种美德并用，而普遍施行于国家政务，凡具有九种美德的贤人都授予一定的官职，那么，公卿便会恪尽职守，大夫便会互相学习，士便会努力办好自己职分内的事情。这样一来，所有的官员都会遵从天命行事，共同完成各项事业。"

"不要放纵私欲和贪图享乐。诸侯要兢兢业业地处理政务，因为时间一天接着一天，天下发生的事情有千种万种之多。

"不要虚设种种职位，因为职位是遵照天命设立的，人岂能代替上天滥设虚职？上天为人间规定君臣、父子、兄弟、夫妇、朋友之间的伦理秩序，并训诫我们要按照这种伦理秩序做到父义、母慈、兄友、弟恭、子孝，我们就应当遵从天命，使这种伦理秩序真诚、淳厚起来啊！上天为人间规定的尊卑不同的礼仪，是按照天子、诸侯、卿大夫、士、庶民这种贵贱等级排列的，我们就有了可以永远遵循的准则。我们应该相互尊重，同心同德，齐心协力施行五礼啊！上天为了使有道德的人都能各称其职，各享其禄，又规定了天子、诸侯、卿大夫、士、庶民五等礼服，以分别表彰各种

商书

汤誓

伊尹相汤伐桀②,升自陑③,遂与桀战于鸣条之野④。作《汤誓》。

王曰:"格尔众庶⑤,悉听朕言⑥。非台小子敢行称乱⑦!有夏多罪,天命殛之⑧。今尔有众,汝曰:'我后不恤我众⑨,舍我穑事而割正夏⑩?'予惟闻汝众言,夏氏有罪。予畏上帝,不敢不正。今汝其曰⑪:'夏罪,其如台⑫?'夏王率遏众力⑬,率割夏邑⑭,有众率怠弗协⑮,曰:'时日曷丧⑯?予及汝皆亡!'夏德若兹,今朕必往。尔尚辅予一人致天之罚⑰,予其大赉汝⑱。尔无不信,朕不食言。尔不从誓言,予则孥戮汝⑳,罔有攸赦㉑。"

【注释】

①本篇是商汤出师征讨夏桀时的誓词,即战争动员令。②伊尹:名挚,商朝名臣。相:辅佐。桀:名履癸,禹的第十四代孙,夏朝最后一个君王。③升:自下而上,这里指北上。陑:地名,在黄河以南、潼关附近。④鸣条:地名,

在黄河以北、安邑之西。⑤格：呼语，意为"来吧"。⑥悉：都。朕：我。自秦始皇起专用于帝王自称。⑦台：我。小子：对自己的谦称。称乱：发难。称：举。⑧殄：诛杀。⑨后：国君。恤：关心体贴。⑩稽事：农事。割：过。通"曷"，怎么，为什么。正：征。⑪其：表揣测的语气副词，有恐怕、大概的意思。⑫如台：如何。⑬率：相率。遏：绝、尽。⑭割：残酷剥削。邑：国。⑮率：大都。协：和谐。⑯时：是，这。日：喻指夏桀。⑰予一人：古代天子自称。⑱赉：赏赐。⑲无：不要。⑳孥：通"奴"，以……为奴。戮：杀。㉑攸：所。

[译文]

伊尹辅佐商汤讨伐夏桀，从陑这个地方北上，后来就在鸣条的郊外同桀交火开战。出征的时候，商汤率众誓师，告诫将士，史官记下这一件事，撰写出《汤誓》。

王说："来吧，诸位将士，都来听听我的讲话。不是我这个平凡的人敢于犯上作乱，而是夏王犯下许多罪行，上天命令我去诛杀他。现在你们众人或许会责问我……'我们的君王根本就不关心体贴我们这些人，而抛开耕种与收获这种关系国计民生的大事抛在一边，而去讨伐夏王，这究竟是为什么呢？'尽管我知道你们有这样的怨言，但是由于夏王有罪，我害怕上天发怒，也不敢不去讨伐他。现在你们大概还会进一步责问我……'夏王有罪，确实如此，但是他的罪究竟有多大呀？'让我来告诉你们吧。夏王一贯把沉重的劳役加在民众身上，把民力都消耗尽了，对民众的剥削非常残酷，使得民众懈怠涣散，与他关系很紧张，甚至诅咒他说：'你这颗红太阳什么时候才会坠落呀！夏国的世道已经败坏到这种地步，现在我非去讨伐它不可。对于你们，我的希望和要求是：我们宁愿跟你同归于尽！'都来辅助我，施行上天对夏王惩罚。你们这样做了，我将重重地奖赏你们！你们不要不相信我的话，我是绝对不会不守信用、诺言自食的。如果你们不按誓言去做，我可要严厉惩罚你们，把你们降为奴隶，甚至杀死你们，对任何人也不会宽赦！"

盘庚①上

盘庚五迁②，将治亳殷③，民咨胥怨④。作《盘庚》三篇。

盘庚迁于殷，民不适有居⑤，率吁众戚出矢言⑥，曰：'我王来，既爰宅于兹⑦。重我民⑧，无尽刘⑨。不能胥匡以生⑩，卜稽曰⑪，其如台⑫？先王有服⑬，恪谨天命⑭，兹犹不常宁⑮。不常厥邑，于今五邦⑯。今不承于古⑰，罔知天之断命⑱，矧曰其克从先王之烈⑲。若颠木之有由蘖⑳，天其永我命于兹新邑㉑，绍复先王之大业㉒，底绥四方㉓。'

盘庚敩于民㉔，由乃在位，以常旧服㉕，正法度。曰：'无或敢伏小人之攸箴㉖！'

王命众，悉至于廷。王若曰㉗：'格汝众㉘，予告汝训汝。猷黜乃心㉙，无傲从康㉚。古我先王，亦惟图任旧人共政㉛。王播告之修㉜，不匿厥指㉝，王用丕钦㉞。罔有逸言㉟，民用丕变。今汝聒聒㊱，起信险肤㊲，予弗知乃所讼㊳。非予自荒兹德㊴，惟汝含德㊵，不惕予一人㊶。予若观火，予亦拙谋作乃逸㊸。若网在纲，有条而不紊；若农服田，力穑乃亦有秋㊺。汝克黜乃心㊻，施实德于民㊼，至于婚友㊽，丕乃敢大言汝有积德㊾。乃不畏戎毒于远迩㊿，惰农自安，不昏作劳㉛，不服田亩，越其罔有黍稷㉜。汝不和吉言于百姓㉝，惟汝自生毒㉞，乃败祸奸宄㉟，以自灾于厥身。乃既先恶于民㊱，乃奉其恫㊲，汝悔身何及？相对俭民㊳，犹胥顾于箴言㊴，其发有逸口㊵，矧予制乃短长之命㊶？汝曷弗告朕㊷，而胥动以浮言，恐沉于众㊸？若火之燎于原，不可向迩，其犹可扑灭？则惟汝众自作弗靖，非予有咎。迟任有言曰㊹："人惟求旧㊺，器非求旧，惟新。"古我先王暨乃祖乃父胥及逸勤㊻，予敢动用非罚㊼？世选尔劳㊽，予不掩尔善。兹予大享于先王㊾，尔祖其从与享之㊿。作福作灾，予亦不敢动用非德㉛。予告汝于难，若射之有志㉜。汝无老侮成人㉝，无弱孤有幼。各长于厥居㉞，勉出乃力，听予一人之作猷。无有远迩，用罪伐厥死㉟，用德彰厥善(77)。邦之藏(78)，惟汝众；邦之不藏，惟予一人有佚罚(79)。凡尔众，其惟致告(80)：有今至于后日，各恭尔事，齐乃位(81)，度乃口(82)。罚及尔身，弗可悔。』

【注释】

①《盘庚》三篇都是盘庚为迁都而发表的谈话或发布的命令。上篇、下篇告群臣，以诱导劝说为主，严厉训斥为辅；中篇告庶民，则主要是训斥和命令，因而声色俱厉，杀气腾腾。盘庚，汤的第十世孙，商的第二十位君王。②五迁：第五次迁都。在此之前，商都曾四迁。③亳殷：一说为宅殷。宅，居住。殷，地名，在今河南省安阳市。④咨：叹。胥：相，把。⑤适：悦。⑥率：因此。吁：呼。戚：贵戚。矢：陈述。⑦爰：易，改变。兹：这，这里指代新都。⑧重：重视。⑨刘：杀，这里是伤害的意思。⑩胥：相互。⑪卜：占卜。稽：察考。⑫如台：如何。⑬服：事。⑭恪：恭敬。⑮犹：尚且。⑯邦：这里指都城。⑰古：指先王『恪谨天命』的古风。⑱断命：做出决断而提出的意见。⑲矧：况且。烈：功业。⑳颠：倒。由：枯木再生新芽。蘖：被伐树木残余部分生出嫩芽。㉑永：绵延。命：国运。㉒绍：继续。复：复兴。㉓绥：安定。㉔敩：教导。㉕在位：在位者，这里指大臣。常：遵守。旧服：先王旧制。㉖无：不要。或：有的人。伏：凭。箴：规劝。㉗若：如此。㉘格：呼语，来的意思。㉙猷：图谋。黜：除去。乃：你们的。心：指私心。㉚从：通『纵』，放纵。康：安逸。㉛旧人：世代居官之人。共政：共理政务。㉜播：公布命令。修：治。㉝指：同『旨』，旨意。㉞用：因此。丕：大。钦：敬重。㉟逸：过错。㊱聒聒：叫嚷，这里意为拒斥善言而自以为是。㊲信：通『伸』，申说。险：险恶。肤：肤浅。㊳讼：争辩。㊴荒：废弃。㊵含：怀。㊶惕：通『施』，给予。㊷谋作：谋略。㊸乃：则。㊹纲：网绳。㊺穑：本义为收获，这里指耕种。有秋：到了秋天有好的收成。㊻克：能。㊼实德：实际好处，这里指迁都。㊽婚：指亲戚。㊾丕乃：岂不。㊿乃：若。戎：大。毒：害。(51)昏：努力。(52)越其：于是就。(53)和：宣布。(54)生毒：种下祸根。(55)败：危险。奸：作恶于外。宄：

作恶于内。㊽先…引导。㊾奉…承受。恫…痛苦。㊿相…看，时…是，这。恔…小。⑨顾…顾及。⑩逸口…失言。㉑制…掌握。㉒曷…何，为什么。㉓恐…吓。沈…煽惑。㉔靖…善。㉕迟任…古代一贤人名。㉖旧…指旧臣。㉗胥…共同。㉘非…不适当。㉙选…继承。㉚享…祭祀。㉛从与…一同。㉜非德…这里还包括『非罚』。德，指恩惠，如赏赐等。㉝志…箭靶。㉞老侮…轻视。下文的『弱孤』意同此。㉟长…永久。㊱罪…刑罚。死…恶。㊲彰…表彰。㊳藏…善。㊴佚…过错。罚罪过。㊵致告…指告诫之词。㊶齐…整，意为严肃认真。位…职分。㊷度…闭。

【译文】

盘庚决定第五次迁都，要到殷地去居住，百姓为此而叹息不已，都怨恨盘庚。后人撰写出《盘庚》三篇，记下这段史实。

盘庚把都城迁到殷地，而臣民都不愿去那里居住。盘庚就把一些贵戚近臣召集起来，请他们陈述自己的意见。

贵戚近臣们说：『我们的君王把都城迁到殷地，让我们改换居住的地方而到这里定居，这是看重我们，不使我们受到伤害。可是现在我们不能相互扶持，以求生存，如果用占卜考察一下吉凶，那么结果将会如何呢？先王凡有政事，都要恭谨地遵从上天之命。尽管如此，得到长期安宁了吗？一直不能长期在一个地方定居，至今已经迁都五次了！现在，如果不继承先王恪守天命的传统，连天意都不知道，还说得上什么继承先王的功业呢？迁都于殷，就像倒下的枯树长出了新枝、残存的树桩发出了嫩芽一样，是上天要使我们的国运在新都永远绵延下去，再次复兴先王的大业，安定天下，所以一定要慎重。』

盘庚教导臣民，要大臣遵从先王之制，整顿法纪。他宣称：『不许发生有人敢于借用小民的名义反对迁都这类事情！』君王向众人发出命令，让他们都到朝廷上来接受训诫。君王这样向众人说道：『来吧，各位！我要告诫你们，教训你们，以消除你们的私心，让你们不要傲慢放肆，贪图安逸。从前，我们的先王治理天下，总是注重任用世家重臣，与他们共同管理政事。先王发布政令，群臣都不敢隐瞒先王的旨意而不向下传达，因此，先王非常敬重他们。他们从不发表荒谬的言论，因而使民情发生了很大变化。而如今你们却吵吵嚷嚷，胡言乱语，还宣扬那些邪恶浅薄的论调，我真不明白你们在争辩什么。并不是我背弃了先王敬重旧臣的传统，而是你们得到了我的好处却不肯报答我。对于你们的所作所为，我洞若观火，看得清清楚楚，只是我用来对付你们的策略不够巧妙，这不能不说是一种失误。譬如结网，只有结在纲上，才能有条有理而不至于乱成一团；又譬如种田，只有努力耕作，才会取得好的收成。你们如果能抛开私心，给予百姓和你们的亲友一些实实在在的好处，你们才有资格大言不惭地说你们积了大德！你们如果不怕将来，甚至目前就会发生大灾大难，像懒惰的农夫一样只知道追求安乐，不去努力操劳，连田地也不去耕种，就不会有所收获。你们不向百姓公布我的善言，这是自招灾祸。你们做危害天下的坏事，将会自己毁掉自己。过去引诱百姓去做坏事，你们现在才感到悔恨，怎么来得及呢？看看那些小民吧，他们对于我规劝他们的话尚且有所顾忌，生怕不慎失言，说了错话，何况他们都知道我拥有生杀大权呢！你们简直连小民都不如。你们反对迁都，为什么不来告诉我，却用那些无稽之谈相互鼓动，并恐吓煽惑民众呢？人心是很容易煽动、迷惑的，宛如大火在原野上燃烧一样，连接近都不可能，难道还能够扑灭吗？这些都是你们这帮人做的坏事，不是我的过错。」

君王又说：『迟任曾经说过：「用人要用世家旧臣，但是器物却不要用旧的，而要用新的。」过去，我们的先王和你们的祖辈父辈曾经同甘共苦，我怎么敢于对你们动用过重的刑罚呢？我世世代代都会记住你们的功劳，我绝不会掩盖你们的善行。现在我要隆重祭祀我们的先王，你们的祖先也将要一同受祭。尽管我既有权赐福也有权降祸，但我绝不敢滥施赏罚。我把困难告诉你们，为的是使你们目标明确，就像射箭要有靶子一样，以免出现偏差。你们既不要轻视成年人，也不要小看青少年。人指挥。无论是亲是疏，我将平等对待，违法犯罪者我要用刑罚加以惩治，积德行善者我要用赏赐给予表彰。将来国家治理好了，是你们众人的功劳；国家治理不好，则是我一人的罪过。你们要仔细思量我这样告诫你们的用意：我是希望你们从今以后，各自恭谨地做好职分之内的事情，严肃认真地对待自己的职责，闭上各自的嘴巴，不许你们再胡说八道。否则，惩罚就会降到你们身上。到了那个时候，后悔就来不及了啊！"

盘庚中

盘庚作①，惟涉河以民迁②。乃话民之弗率③，诞告用亶④，其有众咸造⑤，勿亵在王庭⑥。盘庚乃登进厥民⑦。曰：

"明听朕言，无荒失朕命。呜呼！古我前后⑧，罔不惟民之承保，后胥戚鲜⑨，以不浮于天时⑩。殷降大虐⑪，先王不怀厥攸作⑫，视民利用迁⑬。汝曷弗念我古后之闻⑭？承汝俾汝，惟喜康共⑮，非汝有咎，比于罚⑯。予若吁怀兹新邑⑰，亦惟汝故，以丕从厥志。今予将试以汝迁，安定厥邦。汝不忧朕心之攸困⑱，乃咸大不宣乃心⑲，钦念以忱，动予一人⑳。尔惟自鞠自苦㉑，若乘舟，汝弗济，臭厥载㉒。尔忱不属㉓，惟胥以沈㉔。不其或稽㉕，自怒曷瘳㉖？汝不谋长，以思乃灾㉗，汝诞劝忧㉘。今其有今罔后㉙，汝何生在上㉚？今予命汝一㉛，无起秽以自臭㉜，恐人倚乃身㉝，迁乃心㉞。

予迓续乃命于天㉟，予岂汝威㊱？用奉畜汝众㊲。予念我先神后之劳尔先㊳，予丕克羞尔㊴，用怀尔然㊵，失于政。陈于兹，高后丕乃崇降罪疾㊶，曰：'曷虐朕民？'汝万民乃不生生㊷，暨予一人猷同心㊸，先后丕降与汝罪疾，曰：'曷不暨朕幼孙有比㊹？'故有爽德㊺，自上其罚汝㊻，汝罔能迪㊼。古我先后，既劳乃祖乃父，汝共作我畜民㊽，汝有戕㊾，则在乃心！我先后绥乃祖乃父㊿，乃祖乃父乃断弃汝[51]，不救乃死。兹予有乱政同位[52]，具乃贝玉[53]。乃祖乃父，丕乃告我高后，曰："作丕刑于朕孙。"迪高后，丕乃崇降弗祥㊴。呜呼！今予告汝不易㊶。永敬大恤㊶，无胥绝远㊷。

汝分猷念以相从，各设中于乃心。乃有不吉不迪㊽，颠越不恭㊿，暂遇奸宄㊿，我乃劓殄灭之㊿，无遗育㊿，无俾易

种于兹新邑㊿。往哉生生。今予将试以汝迁，永建乃家。"

【注释】

① 作：即位为君。② 河：特指黄河。③ 话：会，集。弗率：指不服从者。率：循。④ 诞：大。亶：诚。⑤ 造：到。
⑥ 勿亵：恭敬的样子。亵，轻慢。⑦ 登：升，进，向前。⑧ 前后：先王后，君。⑨ 胥：知道。感通「咸」，指贵戚大臣。
鲜：明白。⑩ 浮：罚。⑪ 殷：大，虐。这里指河患。⑫ 怀：安于。所作：指所建的都邑。⑬ 用：以，而。⑭ 闻：传说
诚，动，所感动。⑳ 钦念以忱动予一人：此为倒装句，应理解为『予一人钦念以忱动』。钦念，敬顺（民意）以，而。忱，
宣：和。⑯ 俾：从，共，同。⑯ 比于罚：像惩罚罪犯那样惩罚（你们）。
⑲ 承：顺。
㉑ 鞠：穷。㉒ 臭：朽，败。载：事。㉓ 属：合作。㉔ 胥以：相与，一同。⑤ 沈：通『沉』。㉖ 或：克，能。
稽：协同。㉗ 瘳：病愈。㉘ 以：而，并。㉙ 劝：乐，安于。㉚ 上：指地上
⑰ 若：如此。⑱ 困：苦
㉛ 一……同心协力。㉜ 起秽：喻传播谣言谎话。起，扬。秽，脏东西。㉝ 倚：使……斜。㉞ 迁邪：用法同上文的『倚』
代词，代『民』的祖先。㊶ 高后：对前代君王的敬称。丕乃：于是就。崇：重。㊸ 生生：营生。后一个『生』指财业
㉟ 迓：迎接。㊱ 汝威：即威汝。㊲ 奉：助。畜：神神：神圣。劳：烦劳。㊴ 羞：贡献（意见）。㊵ 怀：念。然，焉，
㊸ 暨：介词，与。㊹ 幼孙：盘庚自指。有比：亲近。㊺ 爽：差错。㊻ 上：上天。㊼ 迪：逃。㊽ 作：为，是。㊾ 戕：残害。
㊿ 绥：安。㊿ 断：断然。㊿ 乱：这里是治的意思。㊿ 贝玉：泛指财物。贝，货币。玉，玉石。㊿ 迪
导。㊿ 易：轻率。㊿ 敬：慎。恤：忧患。㊿ 绝：隔绝，远：疏远。㊿ 分：当。㊿ 设：想。中：和，意即和衷共济。㊿ 乃

四书五经

尚书

二七七

若。吉…善。迪…道。㉖颠…狂。越…逾,违。㉒暂…欺诈。遇…奸邪。㉓劓…古代刑名,割鼻。殄…灭绝。㉔育…音义均同「胄」。胄,后代。㉕易…延。种…后代。

【译文】

盘庚做君王之后,打算把他的臣民迁过黄河。在这种情况下,他把那些不服从迁移命令的臣民召来训话,用诚恳的态度尽力劝导他们。民众来到之后,都恭敬地站在王庭中。盘庚招呼他们到前边来,向众人说:"我的话你们都要听清楚,不要置若罔闻,违抗我的命令!哎呀!从前,我们的先王,无不顺承民意并使百姓安居乐业。君王明白应该为了臣民的利益而一再迁徙。过去,上天大降重灾,先王不敢在自己所建的都邑苟且偷安,这样,大臣也明白应该这样,因此没有受过上天的惩罚。你们为什么不想一想关于先王迁都的这些传说呢?现在,我这样呼吁你们到新都居住,完全是出于关心让你们过上欢乐与安定的生活,并不是你们犯了什么罪过而惩罚你们。如今,我将要把你们迁移过去,在那里建立安定的国家。可是你们却不体谅我你们的缘故,并竭力遵从先王的意愿。如今,我将要把你们迁移过去,在那里建立安定的国家。可是你们却不体谅我的苦衷,你们的心气竟然那样乖张,企图用一些荒谬的论调来动摇我的决心。你们真是作茧自缚,自讨苦吃,就像乘船渡河,上了船却不往彼岸渡,而是坐在上边等着船变朽烂掉。你们存心不与我合作,这样下去大家只有一起沉入河底的。你们不与先人协调一致,只是在那里自怒自怨,这又有什么用呢?你们不做长远打算,设法消除灾害,对于忧患你们已经习以为常、视而不见了。这样下去,你们将会一步一步走向死亡,还怎么继续在这块土地上生存下去呢?现在我命令你们,大家要同心同德,不要传播谣言,把自己搞得臭不可闻,因为现在可能有人正想利用你们身上的毛病,使你们变得心地邪恶。我要请求上天让你们继续生存下去,我哪里是在用我的威势逼迫你们迁移呀?我是为了帮助、养育你们啊!"

盘庚 下

盘庚既迁，奠厥攸居①，乃正厥位②，绥爰有众③，曰："无戏怠，懋建大命④。今予其敷心腹肾肠⑤，历告尔百姓于朕志⑥。罔罪尔众，尔无共怒，协比逸言予一人⑦。古我先王，将多于前功⑧，适于山⑨，用降我凶⑩。德嘉绩于朕邦⑪。今我民用荡析离居⑫，罔有定极⑬，尔谓朕：'曷震动万民以迁⑭？'肆上帝将复我高祖之德⑮，乱越我家⑯。肆予冲人⑱，非废厥谋⑲，吊由灵⑳。各非敢违卜㉑，用宏兹贲㉒。呜呼！邦伯、师、

"我念起我们神圣的先王曾经烦劳过你们的祖先，才把能使你们安居乐业的主意贡献给你们，用以表达我对你们祖先的怀念。我如果不能把国家治理好，又让你们长期住在这里，先王就会重重降下责罚，并斥问我道：'你为什么虐待我的臣民啊？'而你们亿万民众如果不肯努力营财谋业，过上美好生活，又不肯跟我同心同德，先王也会给你们重重降下责罚，并斥问你道：'你为什么不亲近我的幼孙，跟他友好相处啊？'因此，你们如果有了过错，上天也要惩罚你们，那么你们将罪责难逃。我们的先王从前烦劳过你们的先祖先父。这样，你们当然都是我养育的臣民，可是你们内心却对我怀有恶意，我们的先王一定会把这一点告诉你们的先祖先父。我们的先祖先父就会断然抛弃你们，不会把你们从死亡中拯救出来。现在朝廷里有几个跟我共同治理政事的大臣，只知道聚敛财物，他们的先祖先父就告诉我们的先王说：'用大刑惩罚我的子孙吧！'于是，先王就会给他们重重地降下灾祸。哎呀！现在我要告诫你们：不要轻举妄动！对于大灾大难永远要慎重对待，不要把它们抛在一边而置之不理！你们应当考虑大家如何相互依赖，和衷共济。假若你们之中有人不做善事，不走正道，狂放不羁，欺诈奸狡，我就要杀掉他们，杀掉他们的后代，不让他们的孽种在新都繁衍。去吧，去那里营财谋业吧！现在我准备把你们迁移过去，让你们在新都创建永久的家园。"

盘庚 下

盘庚迁都以后，奠定了他们的住处①，就端正宗庙朝廷的位置②，安抚众人③，说："'不要嬉戏怠惰，努力建立大命④。现在我把我的心腹肾肠⑤，全都告诉你们百姓我的志向⑥。不会怪罪你们大家，你们不要共同发怒，合伙诽谤我一人⑦。从前我们的先王，想要超过前人的功绩⑧，迁到山地⑨，因此减少了我们的凶祸⑩，对我们的国家有美好的功绩⑪。如今我们的人民因受灾而流离失所⑫，没有定居的地方⑬，你们对我说：'为什么惊动万民而迁徙⑭？'所以上帝将要恢复我们高祖的功德⑮，治理好我们的国家⑯。我及忠诚恭敬之人⑰，恭敬地承受民命，在新邑永久地居住下去。我这年轻人⑱，不是要废弃你们的谋划⑲，而是要采用好的意见⑳。大家都不敢违背卜兆㉑，是用来光大这伟大的事业㉒。呜呼！邦伯、师、

四书五经

长、百执事之人㉓，尚皆隐哉㉔。予其懋简相尔，念敬我众㉕。朕不肩好货㉖，敢恭生生㉗？鞠人、谋人之保居㉘，叙钦㉙。

今我既羞告尔于朕志，若否㉚，罔有弗钦㉛。无总于货宝㉜，生生自庸㉝。式敷民德㉞，永肩一心㉟。"

【注释】

①奠：定，安置。②正：辨正。古代建立宗庙宫室，要先由天官辨别、确定方位，而后才能动工兴建。③绥：告、爱于。④懋：勉励。大命：指重建家园的使命。⑤敷：布。心腹肾肠：指内心的话，即肺腑之言。⑥历：历数，一条一条。百姓：百官。志：意。⑦协比：协同。⑧将：欲。⑨适：往。山：指亳一带的山谷。由于这里地势较高可避水患，汤曾迁居此处。⑩用：因此。降：这里是减少的意思。凶：灾祸。⑪德：升，建树。⑫荡析：洪水奔腾，至：⑬极：止。⑭震动：惊动。⑮肆：今。⑯乱：治。越：于。家：指国。⑰及：汲汲，急切的样子。笃：厚。⑱肆：今。冲人：年幼的人。⑲厥：指众人。⑳吊：至。由：从。灵：善。㉑卜：指卜兆，即占卜所显示的吉凶。㉒宏：弘扬。㉓邦伯：邦国之长，指诸侯。师、长：大臣。百执事：掌管具体事务的官员。㉔尚：表示祈请的副词，希望、贡：美。㉕简相：简，阅。相，看。念：顾念。㉖肩：任用。好：喜欢。贪求。㉗恭：举用。㉘鞠：养育。谋：隐：考虑。㉙叙：次序，这里是依次的意思。㉚否：不，反对。㉛钦：顺从。㉜总：聚敛。㉝庸：功劳。㉞式：用。敷：为……谋。布，施。德：德教。㉟肩：能够。

【译文】

盘庚把都城迁到新邑之后，首先安排好百姓居住的地方，然后才确定宗庙的方位。这一切安排妥当之后，他又发表了一个演说，再次对百官提出告诫。他说："不要贪图嬉戏游乐，也不要疏懒怠惰，而要努力完成重建家园的伟大使命。现在，我要把我内心所有的想法全都开诚布公地告诉你们各级官员。我没有惩罚你们大家，你们不要聚在一起发泄不满，联合起来攻击我一个人。从前，我们的先王一心想创立超过前人的功业，就把百姓迁移到山上。这个举措减少了洪水给我们造成的危害，为我们的国家立下了巨大功勋。现在，我们的臣民因洪水泛滥而流离失所，没有固定的栖身之地。你们责问我：「为什么要兴师动众让亿万臣民迁徙？」现在我告诉你们，这是因为上天要复兴我们高祖成汤的美德，让我们的国家治理得更加美好，我才急切而敬慎地效法先王，把你们从洪水中拯救出来，以顺承天命，决定迁徙并永远在新都定居。现在，不是我这个年轻人不听取众人的意见而自行其是，而是众人议论纷纭，意见不一，我只能采纳其中的正确意见。同时，我们都不敢违背龟卜的预兆，这是为了以此弘扬我们美好的事业。哎呀！各位诸侯君长，各位大臣，以及全体官员，你们都要想一想各自的职责啊！我将要认真考察你们照抚我的民众而取得的政绩。我不会任用贪财好货之辈，而只任用努力帮助经营百姓生计的人。凡是能够养育百姓并使百姓安居乐业的人，我都要根据他们政绩的大小而给予他们应得的敬重。现在，我已经把我赞成什么、反对什么的意向告诉了你们，希望你们都要遵从！不要聚敛财宝，要努力为帮助百姓谋生而建功立业。最后我再次告诫你们，要推行圣明的德教，永远与我同心同德。」

高宗肜日①

高宗祭成汤，有飞雉升鼎耳而雊②，祖己训诸王③，作《高宗肜日》《高宗之训》④。

高宗肜日，越有雊雉⑤。祖己曰：「惟先格王⑥，正厥事⑦。」乃训于王。曰：「惟天监下民⑧，典厥义⑨。降年有永有不永，非天夭民⑩，民中绝命⑪。民有不若德⑫，不听罪⑬。天既孚命，正厥德⑭。

乃曰：『其如台⑮？』呜呼！王司敬民⑯，罔非天胤⑰，典祀无丰于昵⑱。」

四书五经

【注释】

①本篇是祖己训导武丁的谈话记录，祖己在谈话中提出了『敬民』的思想。高宗：即武丁。肜：举行肜祭之日。肜日是殷商祭祀之名，祭祀的次日所举行的再祭祀。②雊：野鸡。升：登。鼎：古代一种三足两耳的煮食物的器具。雊：鸣，叫。③祖己：武丁时代的贤臣。诸：兼词，音义同于『之于』。④《高宗之训》：与本篇共序，正文已亡佚。⑤越：于。⑥格：格正，即端正。⑦事：祭祀之事。⑧临：视，察。⑨典：重。义：依理行事曰义。⑩天：少壮而死曰天。⑪中：中途。⑫若：顺，善。⑬听：服。⑭孚：罚。⑮如台：如何。⑯司：通『嗣』，继承。民：指先王，这是相对于上天而言。⑰胤：后代。⑱丰：厚。昵：父庙。古制，父生曰父，死曰考，入庙曰昵。

【译文】

高宗武丁祭祀成汤，突然飞来一只野鸡，落在祭器大鼎的鼎耳上鸣叫起来。武丁十分恐惧，他的贤臣祖己为了训导武丁，就撰写出《高宗肜日》《高宗之训》两篇训词。

在高宗举行肜日祭祀的那一天，发生了一起怪异之事，就是突然飞来一只野鸡，落在祭器大鼎上鸣叫起来。贤臣祖己见状，便自言自语说：『只有先端正君王之心，才能端正祭祀大典的礼仪。』接着，祖己就训导高宗说：『上天考察下民，着重看他们做事是否符合道义。上天赐予人的年寿之所以有长有短，不是上天有意缩短某些人的寿命，而是他不按照道义行事而中途丧命的。这些人德行不善，又不认为自己有罪，所以上天便惩罚他们，以端正他们的德行。』

训导结束后，祖己又勉励高宗说：『今后君王应该怎样做呢？哎呀！君王继承帝位之后，应当先敬奉先王以顺从天意，因为他们都是上天的后代，所以在举行祭祀的时候，不要让父庙中的祭品过于丰厚。』

尚书

二八二

西伯戡黎①

殷始咎周②,周人乘黎③。祖伊恐④,奔告于受⑤。作《西伯戡黎》。

西伯既戡黎,祖伊恐,奔告于王,曰:"天子,天既讫我殷命⑥,格人元龟⑦,罔敢知吉⑧。非先王不相我后人⑨,惟王淫戏用自绝⑩,故天弃我,不有康食⑪,不虞天性⑫,不迪率典⑬。今我民罔弗欲丧⑭,曰:'天曷不降威⑮?'大命不挚⑯!'今王其如台⑰?"

王曰:"呜呼!我生不有命在天?"

祖伊反,曰⑱:"呜呼!乃罪多参在上⑲,乃能责命于天⑳?殷之即丧,指乃功㉑,不无戮于尔邦㉒。"

【注释】

①本篇是西伯周文王打败了殷商的属国黎以后,诤臣祖伊向商王受——也就后世所称的纣王进谏的情况和内容的记录。西伯:周文王姬昌。当时文王居岐山,被封为雍州伯,岐山在西,因此又称西伯。戡:用武力平定(叛乱),这里是战胜的意思。黎:殷的诸侯国,在今山西省黎城县。②咎:憎恶。周:周族,姬姓,是与商族同时存在的一个部落。③乘:胜。④祖伊:祖己的后代,商王受时代的贤臣。⑤受:纣王名受。纣是周人给受所加的谥号。⑥讫:终止。命:国运。⑦格人:能知天地吉凶的圣人。格,至。⑧罔敢:不能。⑨相:帮助。⑩淫:过度。戏:纵情酒色。用:以,而。⑪康:安。⑫虞:揣度。⑬迪:由,循。率:法度。典:常,即法度。⑭欲:希望。丧:灭亡。⑮曷:何,为什么。威:威灵,即威严的显应。⑯挚:至。⑰如台:如何。⑱反:反驳。⑲参:众,即多。上:上天。⑳责:责备。㉑指:示,视。功:事。㉒戮:杀,灭亡。

四书五经

尚书

【译文】

在殷商对周族产生憎恶之情的时候，周族打败了黎国。祖伊对此感到惊恐不安，赶紧跑去禀报君王受。史官记下了这件事，撰写出《西伯戡黎》。

西伯姬昌打败了黎国之后，祖伊感到惊恐不安，赶紧跑去把这个消息禀报给自己的君王，说："天子！看来上天已经决定结束我们殷商的国运了。无论向深知天命的圣人请教，还是用大龟进行的占卜，都看不出一点吉利的征兆。这不是先王不肯帮助我们这些后代子孙，而是大王过分纵情酒色而自绝于先王。因此，上天决定抛弃我们，降下灾祸使我们遭受饥荒。大王既不揣度上天的意志，也不遵守法度，如今，我们的臣民没有不盼望大王灭亡的，他们都诅咒说：'上天为什么还不显示威灵，降下惩罚呢？能够承受天命的君王怎么还不到来啊！'大王，您打算怎么办呢？"

不料君王却横蛮地说："哼！我的一生是由天命决定的，谁能把我怎么样？"

祖伊反驳道："哎呀！您的罪行很多，上天已经一条一条记在心中，您岂能反而责备上天降下惩罚呢？殷商的灭亡就在眼前，这从大王的所作所为中就可以看出来，我们的臣民都将被杀死在您的国家里！"

周书

牧誓①

武王戎车三百两②，虎贲三百人③，与受战于牧野④。作《牧誓》。

时甲子昧爽⑤，王朝至于商郊牧野⑥，乃誓。王左杖黄钺⑦，右秉白旄⑧，以麾⑨。曰："逖矣⑩，西土之人！"

王曰："嗟！我友邦家君、御事⑪——司徒、司马、司空⑫，亚旅、师氏⑬，千夫长、百夫长⑭，及庸、蜀、羌、髳、

【注释】

① 本篇是周武王率领伐商大军到了牧野，为与商纣的军队展开决战而发表的誓师词。内容主要是叙述武王宣布他的战略部署和战时纪律，公布纣王的罪行。牧，指牧野，商都朝歌郊区地名，在朝歌南七十里，位于今河南省淇县南部。② 戎车：战车。两：同"辆"。③ 虎贲：勇士。三百人：《史记》作"三千人"。此数较为可信。④ 受：商纣王名。⑤ 甲子：甲子日。昧爽：天刚亮而日未出之时。⑥ 朝：早晨。⑦ 杖：持。钺：兵器名，大斧。⑧ 秉：执。⑨ 麾：指挥。⑩ 逖：远。⑪ 冢君：大君，指邦国诸侯。冢，大。御事：指辅佐邦国诸侯治理政事的大臣。御，治，管理。⑫ 司徒、司马、司空：官名。司徒掌管民事，司马掌管兵事，司空掌管土地。此三者就是所谓"天子三公"，为朝廷重臣。⑬ 亚旅、师氏：官名。亚旅为上大夫，师氏为中大夫。⑭ 千夫长、百夫长：官名。千夫长为师的长官，百夫长为旅的长官。⑮ 庸、蜀、羌、髳、微、卢、彭、濮：当时周族西南方的八个诸侯国，在今湖北、四川、甘肃、陕西一带。⑯ 称：举起。尔：你们的。戈：古代兵器名，横刃，长柄。⑰ 比：排列。干：古代兵器名，盾牌。⑱ 矛：古代兵器名，直刺，长柄。⑲ 牝：雌性的。⑳ 牝鸡之晨：意思是如果母鸡早晨打鸣。㉑ 索：空，衰落。惟家之

王曰：'古人有言曰："牝鸡无晨⑲，牝鸡之晨⑳，惟家之索㉑。"今商王受惟妇言是用㉒，昏弃厥肆祀弗答㉓，昏弃厥遗，王父母弟不迪㉔，乃惟四方之多罪逋逃㉕，是崇是长㉖，是信是使㉗，是以为大夫卿士㉘，俾暴虐于百姓㉙，以奸宄于商邑㉚。今予发惟恭行天之罚㉛。今日之事，不愆于六步、七步㉜，乃止齐焉㉝。夫子勖哉㉞！不愆于四伐、五伐、六伐、七伐㉟，乃止齐焉。勖哉夫子！尚桓桓㊱，如虎如貔㊲，如熊如罴㊳，于商郊㊴，弗迓克奔㊵，以役西土㊶。勖哉夫子！尔所弗勖㊷，其于尔躬有戮㊸！'

微、卢、彭、濮人⑮，称尔戈⑯，比尔干⑰，立尔矛⑱，予其誓。'

索，助词「之」使宾语前置，实即「惟索家」。㉒妇：这里特指妲己。用：听。㉓昏：轻蔑，蔑视。肆：祭礼名，对祖先的祭礼称肆。答：过问，管。㉔王父母弟：指同祖父母的从弟，即堂兄弟。迪：任用。㉕多罪：指犯有重罪的人。逋：逃亡。㉖崇、长：推崇，尊敬。㉗信：信任。使：任用。㉘大夫、卿士：官名。㉙俾：使，让。㉚奸宄：犯法作乱。乱于内为奸，乱于外为宄。㉛发：周武王名。㉜愆：超过。㉝止齐：等待队伍走整齐，防止轻率冒进。止，等待。㉞夫子：对将士的称呼。勖：勉力，努力。㉟伐：击刺。一击一刺为一伐。㊱桓桓：威武的样子。㊲貔：豹类猛兽。㊳罴：熊的一种。㊴于：往。㊵迓：御，禁止。㊶役：帮助。西土：指周。㊷所：若，如果。㊸躬：身。戮：杀。

【译文】

周武王出动战车三百辆、勇士三千人，在牧野与商王受展开决战。史官记录下这一史实，撰写出《牧誓》。

在甲子日的黎明时分，周武王率领军队来到商国都城郊外一个叫牧野的地方，在那里举行誓师仪式，并发表誓师词。武王左手持黄色大斧，右手执白色牦牛尾，以此作为权力的象征来指挥全军将士。他首先向全军将士表示慰问，说：「远劳了啊，从西方来的人们！」

武王又说：「啊！我们友邦的国君，和辅佐国君处理政务的各级官员如司徒、司马、司空、亚旅、师氏，千夫长、百夫长，以及庸、蜀、羌、髳、微、卢、彭、濮的人们，举起你们的戈，排好你们的盾，竖起你们的矛，我要向你们发表誓师词，宣誓进军了！」

武王在誓词中庄严宣称：「古人有句名言，说：「母鸡早晨是不打鸣儿的，如果谁家的母鸡早晨打鸣儿，这家就必定要败落。」如今，商王受却唯妇人之言是听，这无异于母鸡打鸣。他还轻蔑地对待祖宗祭祀，对祭礼不闻不问；轻蔑地对待同宗兄弟，从不任用他们。而对四方犯有重罪的逃犯，他竟然那样推崇、那样尊敬、那样信任、那样重用，让他们担任大夫、卿士这类要职，使他们得以残暴地对待百姓，在商国内外胡作非为。现在，我姬发要严肃地施行上天对他的惩罚。今天的战事要求是：向前方行进时，不超过六步或七步，就要停下来等待一下，把阵容排整齐。将士们，奋勇前进吧！向敌人冲杀时，不超过四、五次或六、七次，就要停下来等待一下，再把阵容排整齐。英勇杀敌吧，将士们！希望你们姿态威武雄壮，像虎像貔，像熊像罴一样，奔向商都的郊野。不要拒绝能够前来投降，并给我们周国以帮助的人。前进吧！冲杀吧，将士们！而如果你们敢不奋力向前，我就要对你们进行惩罚。」

武成①

武王伐殷，往伐归兽②，识其政事③。作《武成》。

惟一月壬辰④，旁死魄⑤。越翼日⑥，癸巳⑦，王朝步自周⑧，于征伐商⑨。

厥四月⑩，哉生明⑪，王来自商，至于丰⑪，乃偃武修文⑫，归马于华山之阳⑬，放牛于桃林之野⑭，示天下弗服⑮。

丁未⑯祀于周庙，邦甸、侯⑰、卫，骏奔走⑱，执豆⑲、笾，越三日⑳庚戌，柴、望㉑，大告武成㉒。

既生魄㉓，庶邦冢君暨百工㉔，受命于周㉕。

王若曰㉖：『呜呼，群后㉗！惟先王建邦启土㉘，公刘克笃前烈㉙。至于大王肇基王迹㉚，王季其勤王家㉛。我文考文王，克成厥勋，诞膺天命㉜，以抚方夏㉝。大邦畏其力，小邦怀其德。惟九年，大统未集㉞，予小子其承厥志，底商之罪㉟，告于皇天后土、所过名山大川㊱，曰㊲：「唯有道曾孙周王发㊳，将有大正于商㊴。今商王受无道，暴殄天物㊵，害虐烝民㊶，为天下通逃主㊷，萃渊薮㊸。予小子既获仁人㊹，敢祗承上帝㊺，以遏乱略㊻。华夏蛮貊㊼，罔不率俾㊽。恭天成命㊾，肆予东征㊿，绥厥士女[51]。惟其士女篚厥玄黄[52]，昭我周王[53]。天休震动[54]，用附我大邑周[55]。惟尔有神[56]，尚克相予以济

【注释】

①本篇主要记述周武王伐商大功告成后所做的重要政事。武，武功。成，成就。②往伐……前往伐商。归兽……归来巡狩兽，同"狩"。③识……记。④壬辰……壬辰日。⑤旁死魄……月亮大部分无光的日子。旁，广大。死，失。魄，月光。⑥越……及。⑦癸巳……癸巳日。⑧朝……早晨。步……行，走。⑨于……往。⑩哉生明……月亮开始发光的日子。哉，始。⑪丰……文王时的周都所在地，这里指周都镐京。⑫偃……停止。武，这里指武备。修⑬阳……这里指文德教化。⑭桃林……地名，在今河南省灵宝市西。⑮服……使用。⑯丁未……丁未日。⑰邦……邦国。甸、侯、卫……即甸服、侯服、卫服。这里是举甸、侯、卫三服以代六服诸侯。周把王室周围的土地按距离远近划分为六等服役地区，称为六服，即侯服、甸服、男服、采服、卫服、蛮服。服，劳役区。⑱骏……疾速。⑲豆、笾……两种古代祭器。⑳三日……第三天。㉑柴……祭礼名，即烧柴祭天。望……祭礼名，专用于祭祀山川，因望而祭之，故称"望"。㉒大……大力，广泛。㉓既生魄……月圆之后。㉔庶邦……众诸侯国。庶，众。暨……和。百工……指百官。㉕命……这里指政命。㉖若……这样。㉗群后……指诸侯。后，君王。㉘先王……这里指周族的先祖后稷。后稷未称王，称其为王，是表示对祖先的尊仰。启土……开疆拓土。启，开拓。㉙公刘……后稷的曾孙。公刘为继承前人的功业，后稷未

下治㊌。

列爵惟五㊊，分土惟三㊋，建官惟贤㊌，位事惟能㊍，重民五教㊎，惟食丧祭㊏，惇信明义㊐，崇德报功㊑，垂拱而天下治㊌。

比干墓㊉，式商容闾㊊，散鹿台之财㊋，发钜桥之粟㊌，大赉于四海㊍，而万姓悦服。」

罔有敌于我师㊌，前途倒戈㊍，攻于后以北㊎，血流漂杵㊏。一戎衣㊐，天下大定，乃反商政㊑，政由旧㊒，释箕子囚，封

兆民㊉，无作神羞㊊！」既戊午㊋，师逾孟津㊌。癸亥㊍，陈于商郊㊎，俟天休命㊏。甲子昧爽㊐，受率其旅若林㊑，会于牧野，

㉙振兴周族，做出过重大贡献。笃：治理。烈：功业。㉚大王：这里指太王古公亶父，他是文王的祖父。肇基王迹：指古公亶父迁居岐山之下的周原，开创王业。肇基，开始，开创。㉛王季：文王的父亲。王家：王家的事业。㉜诞：大。膺：受。㉝方夏：四方中夏。㉞大统：指统一天下的大业。集：成。㉟厎：致，传达。㊱皇天后土：古代天神和地神的合称，这里用来统指天地神灵。㊲曰：下面的话是武王的告神祠。㊳有道：武王自以为伐纣是为民除害，替天行道，故自称有道。曾孙：祭祀时诸侯自称之辞。㊴大正：大政，即重大的政治举动。正，通「政」。㊵暴殄天物：任意糟蹋东西。殄，灭绝。天物，各种自然物。㊶烝民：百姓。烝，众多。㊷逋逃主：天下逃亡罪犯的魁首。逋，逃亡。主，首领。㊸萃：聚集。本指鱼、兽聚居之处，这里比喻天下罪人都归向纣王，如鱼聚集于深渊，如兽聚集于大泽。渊，深潭。薮，无水的泽。㊹仁人：仁爱德高之人，这里指周公等大臣。㊺祗：恭敬。㊻遏：制止。略：谋略。㊼华夏：指中原地区各国。蛮：古代对南方少数民族的蔑称。貊：古代对北方少数民族的泛称。蛮貊在这里是对四方少数民族的泛称。㊽俾：从。㊾恭：奉行。成命：定命，这里指灭商。㊿肆：所以。东征：周在西方，商在东方，伐商是向东进军，故称东征。51绥：安定。士女：古代男女的合称。52篚：本指竹筐，这里用作动词，意为用竹筐盛东西。玄黄：这里指玄、黄二色丝绸。53昭：见。54休：美，善，这里指美意或善意。震动：这里指震动民心。55用：因而。附：归附。大邑：大国。56神：这里指众神。57相：帮助。58无：不要。作：使。神：这里是神灵的意思。羞：羞辱。59戊午：戊午日。60逾：渡过。孟津：古代黄河渡口名，在今河南省孟津县。津，渡口。61癸亥：癸亥日。62陈：同「阵」，这里用作动词，布阵。63俟：等待。64甲子：甲子日。昧爽：天将明未明时分。65若林，这里是极言士卒人数之众多。66敌：动词，抵挡。67前途：指前军。68北：失败。69杵：舂米用的木杵，这里指武器。相传纣王军队人数有七十万，70戎衣：伐商。戎，兵，这里用作动词，征伐的意思。衣，通「殷」。71反：改变。商政：指纣的暴政。72旧：指商

代先王的善政。⑬封：修治。⑭式：同"轼"，本指车前的横木，这里用作动词，礼敬的意思。商容：商代贤人。闾：里巷的门，这里指商容的故居。⑮鹿台：府库名。相传纣聚敛的资财都聚集在这里。⑯钜桥：仓库名。⑰赉：赏赐。⑱五：五等爵位，即公、侯、伯、子、男。⑲分土为三：裂地封国，分为三等，即公、侯方圆百里，伯七十里，子、男五十里。⑳建：选任。㉑位：安排。事：指理事的众吏。㉒五教：五种伦常之教，即父义、母慈、兄友、弟恭、子孝。又称五常，五典。㉓食、丧、祭：即民食、丧礼、祭祀。㉔惇：厚。明：显扬。㉕崇：尊崇。报：报答。㉖垂拱：垂衣与拱手。这里是比喻武王治国有方，天下就很快走向大治。治：太平。

【译文】

在周武王征伐殷商的过程中，史官记录下从前往征伐到归来巡狩期间所发生的大事，撰写出《武成》。

一月壬辰日这一天，月亮大部黯然无光。到第二天癸巳日，武王一早就从镐京率军出发，前往伐商。

四月间，当月亮刚开始放出光辉的时候，武王就从商地归来，到达丰邑。从此之后，他就停止武备，收起刀枪，开始治理文明，施行教化，把战马都放归华山的南坡，把役牛都送往桃林的旷野，清楚地向天下表明，从此再不使用它们从事征战了。

四月丁未日，武王到周庙举行祭礼，甸服、侯服、卫服等六服的诸侯们，都忙碌地东奔西走，有的陈放木豆，有的摆置竹笾，前来助祭。到第三天庚戌日，又举行柴祭礼来祭祀上天，举行望祭礼来祭祀山川，一一向诸神报告伐商的武功已经大获全胜。

月圆之后，四方诸侯和文武百官都来到周京，接受周王的政命。

周王向众人说：'哎呀，各邦国的大君们！很久很久以前，我们周族的先王后稷就建立了邦国，并开始开疆拓土；

而公刘则继承并发展了先人的事业。到了太王古公亶父，又开始经营王者大业；而王季更为王者大业付出了辛勤和劳苦。我的先父文王则能够成先王的事业，把天命全部承受下来，安抚四方，治理天下。大国畏惧他的武力，小国感念他的美德，他真是功德无量啊。可是先父在位仅仅九年，统一天下的大业未能完成，我姬发便继承了他的遗志，揭露商王受的罪行，把它禀告给皇天后土，以及我所经过的名山大川。我说：'周族有道的子孙周王姬发，对殷商将有重大的举动。如今，商王受荒淫无道，任意糟蹋万物，残酷虐待百姓，成了天下逃亡罪犯的魁首，并使商地成了这些坏人聚集的巢穴。现在，我姬发已经得到仁人志士的辅佐，所以敢于冒昧地敬承上天的旨意，制止殷商的乱政。华夏各族和四方诸国，无不遵从我的决策。我决心奉行上天的旨意，完成上天赋予我的大命，所以就兴师东征，去安抚那里的男男女女。诸位神明，我希望你们佑助我，让我去拯救亿万百姓，前来求见我周王。他们都被上天的美意深深打动，因而都来归附我们大周国。'到了戊午日，我们的伐商大军渡过孟津。癸亥日，我在商都郊外布好军阵，等候上天下达美命。甲子日黎明时分，商王受带领他那如林的大军，来到牧野与我的大军会战。商王受的军队都不愿意与我的军队对抗，结果，先头部队纷纷临阵倒戈，掉头去攻击他的后续部队，商军因而惨遭失败，血流成河，血水使丢弃的兵器都漂起来了。一举击败殷商，天下完全安定下来之后，我便废止了商王受所施行的暴政，恢复了商代先王原先的善政。释放了被囚禁的箕子，修整了比干的坟墓，敬拜了商容的故居；还散发了鹿台囤积的财货，发放了钜桥贮藏的米粟，大赏四海百姓，使得万民对我们大周国都心悦诚服。'

周武王统治天下之后，采取了以下措施：设立爵位，共列五级；划地分封，共分三等；选任官长唯贤是举，安排众吏唯能是用；治国注重百姓的五常之教，以及民食、丧礼、祭祀三件大事；并能忠厚诚信，显扬道义，尊崇有德的人，报答有功的人。由于武王治国有方，天下在垂衣拱手之间就实现了大治。

洪范①

武王胜殷②，杀受③，立武庚③，以箕子归④。作《洪范》。

惟十有三祀⑤，王访于箕子。王乃言曰：「呜呼，箕子！惟天阴骘下民⑥，相协厥居⑦，我不知其彝伦攸叙⑧。」

箕子乃言曰：「我闻在昔，鲧陻洪水⑨，汩陈其五行⑩，帝乃震怒，不畀洪范九畴⑪，彝伦攸斁⑫。鲧则殛死⑬，禹乃嗣兴⑭。天乃锡禹洪范九畴⑮，彝伦攸叙。

「初一曰五行⑯；次二曰敬用五事⑰；次三曰农用八政⑱；次四曰协用五纪⑲；次五曰建用皇极⑳；次六曰乂用三德㉑；次七曰明用稽疑㉒；次八曰念用庶征㉓；次九曰向用五福㉔，威用六极㉕。

「一，五行：一曰水，二曰火，三曰木，四曰金，五曰土。水曰润下㉖，火曰炎上㉗，木曰曲直㉘，金曰从革㉙，土爰稼穑㉚。润下作咸，炎上作苦，曲直作酸，从革作辛㉜，稼穑作甘㉝。

「二，五事：一曰貌，二曰言，三曰视，四曰听，五曰思。貌曰恭㉞，言曰从㉟，视曰明㊱，听曰聪㊲，思曰睿㊳。恭作肃㊴，从作乂㊵，明作晰㊶，聪作谋㊷，睿作圣㊸。

「三，八政：一曰食㊺，二曰货㊻，三曰祀㊼，四曰司空㊽，五曰司徒㊾，六曰司寇㊿，七曰宾51，八曰师52。」

「四，五纪：一曰岁53，二曰月，三曰日，四曰星辰54，五曰历数55。

「五，皇极：皇建其有极56，敛时五福57，用敷锡厥庶民58。惟时厥庶民于汝极59，锡汝保极60。凡厥庶民，无有淫朋61，人无有比德62，惟皇作极。凡厥庶民，有猷有为有守63，汝则念之。不协于极，不罹于咎64，皇则受之65。而康而色66，曰予攸好德67，汝则锡之福。时人斯其惟皇之极68。无虐茕独而畏高明69。人之有能有为，使羞其行70，而邦其昌。凡厥正人71，既富方谷72，汝弗能使有好于而家73，时人斯其辜74。于其无好德，汝虽锡之福，其作汝用咎75。无偏无陂[76]，遵王之义[77]。无有作好[78]，遵王之道。无有作恶，遵王之路。无偏无党[79]，王道荡荡[80]。无党无偏，王道平平[81]。无反无侧[82]，王道正直。会其有极，归其有极[84]。曰皇极之敷言[85]，是彝是训[86]，于帝其训[87]。凡厥庶民，极之敷言，是训是行，以近天子之光。曰天子作民父母，以为天下王。

"六，三德：一曰正直，二曰刚克[88]，三曰柔克。平康正直[89]，强弗友刚克[90]，燮友柔克[91]。沈潜刚克[92]，高明柔克[93]。惟辟作福[94]，惟辟作威[95]，惟辟玉食[96]。臣无有作福、作威、玉食。臣之有作福、作威、玉食，其害于而家，凶于而国，人用侧颇僻[97]，民用僭忒[98]。

"七，稽疑：择建立卜筮人[99]。乃命卜筮[100]，曰雨，曰霁[101]，曰蒙[102]，曰驿[103]，曰克[104]，曰贞[105]，曰悔[106]，凡七[107]。卜五，占用二，衍忒[108]。立时人作卜筮[109]，三人占则从二人之言。汝则有大疑，谋及乃心[111]，谋及卿士，谋及庶人，谋及卜筮。汝则从，龟从，筮从，卿士从，庶民从，是之谓大同，身其康强，子孙其逢[112]，吉。汝则从，龟从，筮从，卿士逆[113]，庶民逆，吉。庶民从，龟从，筮从，汝则逆，卿士逆，吉。卿士从，龟从，筮从，汝则逆，庶民逆，吉。龟从，筮逆，卿士逆，庶民逆，作内吉[114]，作外凶。龟、筮共违于人，用静吉，用作凶[115]。

"八，庶征：曰雨，曰旸[116]，曰燠[117]，曰寒，曰风。曰时五者来备[118]，各以其叙[119]，庶草蕃庑[120]。一极备[121]，凶[122]。一极无，凶。曰休征[123]：曰肃[124]，时雨若[125]；曰乂[126]，时旸若；曰晢[127]，时燠若；曰谋[128]，时寒若；曰圣[129]，时风若。曰咎征[130]：曰狂，恒雨若[131]；曰僭[132]，恒旸若；曰豫[133]，恒燠若；曰急[134]，恒寒若；曰蒙[135]，恒风若。

"曰王省惟岁[136]，卿士惟月，师尹惟日[137]。岁月日时无易[138]，百谷用成[139]，乂用明[140]，俊民用章[141]，家用平康。日月岁时既易，百谷用不成，乂用昏不明，俊民用微[142]，家用不宁。庶民惟星[143]，星有好风，星有好雨。日月之行，则有冬有夏。月之从星，则以风雨[144]。

"九，五福⑮：一曰寿，二曰富，三曰康宁，四曰攸好德⑯，五曰考终命⑰。六极：一曰凶、短、折⑱，二曰疾，三曰忧，四曰贫，五曰恶，六曰弱⑲。"

【注释】

①周灭商后，周武王向箕子请教治国方略，箕子便向武王详细阐述了洪范九法，也就是九种大法。本篇就是箕子阐述洪范九畴的谈话记录。洪范：大法。洪，大。范，法。②受：商纣王名。③武庚：安禄父，商纣王的儿子。商灭亡后，武庚被周武王封为殷君。武王死后，成王年幼，周公摄政，武庚勾结三监（管叔、蔡叔、霍叔）和东方夷族发动叛乱，最后被杀。④箕子：商纣王的叔父。⑤十有三祀：指周文王第十三年，周武王灭商后的第二年。有：通"又"。祀：年。⑥阴骘：佑护。阴，荫，覆盖。骘，定，安。⑦相：使。协：和。⑧彝伦：常理。攸叙：所规定的是什么。叙，本义为次序，这里用作动词，规定的意思。⑨鲧：人名，夏禹之父。陻：堵塞。⑩汩：乱。陈：列。五行：即下文的金、木、水、火、土。行，用。⑪畀：给予。九畴：即下文初一至次九所述的九类治国大法。畴，种类，类别。⑫攸：因此。⑬殛：杀。⑭嗣：继承。⑮锡：通"赐"。⑯初一：第一。⑰次：第。五纪：五种纪时方法。五事：五件事。⑱协：综合。庶：众多。⑲协：综合。庶：众多。⑲念：经常思虑。㉓稽：考察。㉔向：劝勉。五福：五种福分。六极：六种不幸之事。详见下文。㉕咸：警诫。㉒稽：考察。㉓念：经常思虑。详见下文。㉖润：润湿。㉗炎：烧烤。㉘曲直：可曲可直。㉙革：变，这里指根据需要改变形状。㉚爰：与上文的五个"曰"用法相同，都是语助词，无义。稼穑：种植、收获百谷。㉛作：生。㉜辛：辣。㉝甘：甜。㉞貌：容貌，仪态。㉟从：正当合理。㊱明：看得清楚。㊲聪：听得广远。㊳睿：通达。㊴作：则，就。㊵乂：这里是致治即导致天下太平的意思。㊶晰：明智，

㊷ 通达。㊸ 谋⋯善谋。㊹ 圣⋯圣明，即才智高超。㊺ 八政⋯这里指八种政务。㊻ 食⋯管理民食。㊼ 货⋯管理财货。㊽ 祀⋯管理祭祀。㊾ 司空⋯管理居民。㊿ 司徒⋯管理教育。㊾ 司寇⋯惩治盗贼。㊿ 宾⋯管理朝觐。㊿ 师⋯管理军事。㊿ 岁⋯年。㊾ 星⋯指二十八宿。辰⋯指十二辰。㊿ 历数⋯指日月运行所经历的周天度数。计算日月运行所经历的周天度数能够确定闰月，调和四季，即《尧典》所谓"以闰月定四时以成岁"。㊿ 建⋯指建立君权。㊿ 敛⋯采取。时⋯是，这。㊿ 敷⋯普遍。㊿ 于⋯重视。㊿ 锡⋯通"赐"，这里是贡献的意思。㊿ 淫朋⋯邪党。㊿ 人⋯这里指百官。比德⋯私相比附的行为。㊿ 德⋯行为。㊿ 猷⋯智谋。守⋯操守。㊿ 罹⋯陷入，遭遇。咎⋯罪恶。㊿ 受⋯宽容。㊿ 康⋯和悦。色⋯温润。㊿ 攸⋯遵行。㊿ 斯⋯乃。惟⋯思。㊿ 茕独⋯这里泛指无依无靠的人。茕，孤单，孤独。㊿ 羞⋯贡献，施展。㊿ 这里指善行，才能。㊿ 正人⋯指官员。㊿ 方⋯常。谷⋯指俸禄。㊿ 好⋯善。家⋯这里指国家。㊿ 辜⋯罪。这里用作动词，结党。㊿ 作⋯使。用⋯施行。㊿ 陂⋯不正。㊿ 义⋯法度。㊿ 好⋯私好。㊿ 偏⋯营私。㊿ 荡荡⋯宽广。㊿ 平平⋯平坦。㊿ 反⋯反道，即乱。侧⋯倾侧。㊿ 会⋯聚合。㊿ 曰⋯转换语势之词。㊿ 敷⋯陈述。㊿ 彝⋯常。㊿ 宣扬⋯训⋯教导。㊿ 顺从。㊿ 刚克⋯与下文"柔克"互文，意为刚克柔克，即刚克柔，亦即能刚能柔，或刚则刚克之，柔则柔克之。㊿ 平康⋯中正平和。㊿ 友⋯亲近。㊿ 燮⋯和顺。㊿ 沈潜⋯滞弱，性近于柔者。沈，通"沉"。㊿ 高明⋯亢爽，昂扬，性近于刚者。㊿ 辟⋯君王。作⋯施行。㊿ 威⋯惩罚。㊿ 玉食⋯美食。㊿ 侧颇僻⋯背离正道。侧，倾斜，颇僻，不正。㊿ 僭⋯越轨。㊿ 卜筮⋯古代两种占卜术，用龟甲占断吉凶者叫作卜，用蓍草占断吉凶者叫作筮。㊿ 阴阳之气相互交错。㊿ 贞⋯这里指《易经》六十四卦的内卦即下卦。㊿ 悔⋯这里指《易经》六十四卦的外卦即上卦。㊿ 命⋯命令。㊿ 霁⋯指雨后的云气。㊿ 蒙⋯指蒙蒙雾气。㊿ 驿⋯色彩润泽而光明。㊿ 克⋯㊿ 凡七⋯共计七种征兆。㊿ 衍⋯推演。忒⋯变化。㊿ 时人⋯这些人。时，是。㊿ 则⋯如果。㊿ 谋⋯思虑。乃⋯你的。

⑫逢：兴旺。⑬逆：反对。⑭作：行事。内：国内。下文的"外"指国外。⑮作：举动。⑯旸：日出，即晴天。⑰燠：温暖。⑱五者：指上文的五种天气。备：齐备。⑲叙：次序。⑳蕃：茂盛。庑：通"芜"，草木繁盛。㉑一：其中之一。极备：过多。下文的"极无"意为过少。㉒凶：荒年。㉓休征：美好的征兆。休，美。下文的"咎征"意为凶险的征兆。㉔肃：指君王的举止肃敬。㉕时雨若：像及时降雨。若，样子，状态。㉖乂：指君道能够修明。㉗哲：明智，通达。㉘谋：善谋。㉙圣：见本篇注㊸。㉚狂：狂妄傲慢。㉛恒：久。㉜僭：错。㉝豫：逸乐。㉞急：躁。㉟蒙：昏昧。㊱省：省察政务。㊲师尹：卿士之下的官吏。师，众。尹，正。㊳易：改变。㊴用：因。㊵父：指政治。㊶俊民：有才能的人。㊷攸：通"由"，遵行。㊸章：通"彰"。这里用作动词，表彰。㊹微：不显明。㊺星：指星辰。㊻以：用。㊼寿：长寿。㊽考：老。终命：善终。㊾凶、短、折：均指早死。未到换齿年龄而死者，叫作凶；来到二十岁成年而死者，叫作短；未婚而死者，叫作折。㊿弱：懦弱。

【译文】

这段史实，撰写出《洪范》。

周文王十三年，武王战胜殷商，杀死商王受，封其子武庚为殷君，而后带着箕子返回镐京，向他询问治国方略。史官记录下

周文王十三年，武王向箕子询问治国之道。见了箕子，武王问道："哎呀！箕子，上天保佑天下百姓，要他们和睦相处，而我却不知道治理天下有哪些常规大法，所以特来向你请教。"

箕子听了，回答说："据我所知，从前鲧曾经堵住洪水，胡乱处置水、火、木、金、土这五种百姓日常使用的东西。上天发现以后，勃然大怒，遂做出一项决定，就是不把九种治国大法传授给鲧，治国之道因此而破坏了。后来，鲧遭流放而死，他的儿子禹继承了他的事业，夏族从此就兴盛起来。于是上天就把九种治国大法赐给了禹，治国之道至此

"治国的常规大法共有以下九种：第一是全面认识五行；第二是恭谨做好五件事；第三是努力办好八种政务；第四是综合使用五种计时方法；第五是建立君权的规则；第六是推行理民的三种德行；第七是敬用卜筮考疑制度；第八是经常根据各种征兆预测未来；第九是用五福勉励臣民，并用六极警诫他们。"

"一，五行：一是水，二是火，三是木，四是金，五是土。水性向下，火性向上，可以烧烤万物；木性多变，既可以弯曲也可以伸直，金性顺从，可以按照人的意愿改变形状；土性滋润万物，可以种植百谷。润下的水会生出咸味，炎上的火会生出苦味，可曲可直的木会生出酸味，顺从人意而变形的金会生出辣味，种植百谷的土会生出甜味。

"二，五事：一是仪容，二是言说，三是观着，四是听闻，五是思考。仪容要恭谨，言说要正当，观着要洞明，听闻要广远，思考要通达。仪容恭谨就能导致世风严肃，言说正当就能导致天下大治，观着洞明就能导致明智通达，听闻广远就能导致善于谋划，思考通达就能导致才德圣明。

"三，八种政务：一是管理农业，二是管理财物，三是管理祭祀，四是管理居民，五是管理教化，六是惩治盗贼，七是管理朝觐，八是管理军事。

"四，五种计时方法：一是记载年，二是记载月，三是记载日，四是观察星辰的出没情况，五是推算日月运行所经历的周天度数，以确定闰月，调和四时。

"五，君权规则：君王建立君权要有规则。建立五福之制，把五种福泽普遍地赏赐给臣民，这样，臣民就会尊重您的规则。贡献给您一套维持君权规则的方法：凡是百姓，都不准结成邪党；凡是百官，都不准私相攀附，而只能把君王的意志作为行为的准则。凡是百姓，只要是有谋略、有作为、有操守的，就要器重他们。行为不符合法度，但尚未犯罪恶的，就要宽容他们。假若有人和悦温顺地宣称「我遵行美德」，您就要赐给他福泽，这样，臣民就会牢记君王的规则。不要虐待无依无靠的人，而畏惧高居显位的人。无论什么人，只要有才能、有作为，就要让他施展才干，这样，国家就会繁荣昌盛。凡是百官之长，既然享有丰厚而固定的俸禄，做出贡献，否则，臣民就会责难您。那些没有美好德行的人，您即使赐给他们福泽，他们也会诱使您施行恶政。

臣民不要行为不端，而要遵守王法；不要私行偏好，而要遵循王道。君王不营私不结党，才能使王道宽广；不营私，不反乱，不偏不倚，才能使王道公允。君王团结臣民要有法度，臣民归顺君王也要有法度。我认为，以上规则，君王要向臣下进行宣扬，对臣民加以训导，这样才能使臣民顺从上天的旨意，又要实行，以接近天子圣明的光辉。我认为，天子只有首先成为臣民的父母，才能成为天下的君王。

『六，三种德行：一是正直，二是刚强，三是柔和。中正平和，就是正直；刚柔得宜，此种德行不需克制；强悍而至于不可亲近，是刚强，必须以柔克之；柔和而至于极易亲近，则是柔弱，必须以刚克之。懦弱者性近于柔，应当以刚克之；昂扬者性近于刚，应当以柔克之。只有君王才有资格奖赏有功，有权力惩罚有罪，有福分享受美食。而臣下则没有资格奖赏有功，没有权力惩罚有罪，没有福分享受美食。假若臣下一旦有权奖赏有功，惩罚有罪，享受美食，就会给您的家事造成祸害，给您的国政带来凶险，而百官则将会因此而背离王道，百姓将会因此而犯上作乱。

『七，卜筮决疑：选择善于卜筮者，让他们分别用龟甲卜卦、用蓍草占卦。这样的人选定之后，就命令他们进行卜筮。预兆之象有的像雨，有的像雨后的云气，有的像蒙蒙的雾气，有的像色彩润泽而光明的云，有的像阴阳交错的气，卦形之象有内卦，有外卦。龟兆与卦象共有以上七种。前五种是龟卜之兆，后两种是著占之象，可以根据它们来进行推演，判断吉凶。要设立专职官员，让他们进行卜筮。如果是三个人占卜，就信从两个人的说法。您若有重大的疑难，先要自己在心里思考一番，再与卿士商量，然后与庶民商量，最后才问卜占筮。假若您赞成，龟卜赞成，著占赞成，卿士赞成，庶民也赞成，这就叫作大同，即各方面都赞成。遇到这种情形，您就会安康强健，子孙也会兴旺发达，这是吉卦。假若您赞成，龟卜赞成，著占赞成，而卿士反对，庶民反对，还是吉卦。假若卿士赞成，龟卜赞成，著占赞成，而您反对，仍是吉卦。假若庶民赞成，龟卜赞成，著占赞成，而您反对，卿士反对，庶民反对，还是吉卦。假若您赞成，龟卜赞成，而卿士反对，庶民反对，仍是吉卦。假若龟卜与著占都与人意不合，那么静待安守就会吉利，而有所举动便有凶险。

『八，各种征兆：一是雨天，一是晴天，一是温暖，一是寒冷，一是刮风。假若一年之中上述五种天气齐备，各按照正常的时序发生，百草就会茂盛。假若一种天气过多，就会是荒年。一种天气过少，也会是荒年。君王德行美好的表征有以下几种：一为肃敬，像及时降雨那样喜人；一为修治，像及时晴朗那样喜人；一为明智，像及时温暖那样喜人；一为善谋，像及时寒冷那样喜人；一为圣明，像及时刮风那样喜人。君王德行恶劣的表征有以下几种：一为狂妄，像久雨不晴那样愁人；一为错乱，像久晴不雨那样愁人；一为逸豫，像久暖不寒那样愁人；一为躁急，像久寒不暖那样愁人；一为昏昧，像久风不息那样愁人。君王体察政事，就像一年容涵四时，而卿士只是一年中的一月，众吏只是一月中的一日。假若年、月、日、时的关系没有发生错乱，庄稼就会因此而成熟，政事就会因此而清明，贤臣就会因此而受到任用，国家就会因此而太平安宁。反之，假若年、月、日、时的关系发生了错乱，粮食就会因此而歉收，政事就会因此而昏暗，贤臣就会因此而不被任用，国家就会因此而不得安宁。老百姓就像星星，有的星星喜欢风，有的星星喜欢雨，所好各有不同。由于太阳和月亮的运行，一年才有春、夏、秋、冬四个不同的季节。假若月亮偏离太阳而顺从星星，那么就得用风和雨去润泽、调节它们。

"九，五种福分：一是长寿，二是富贵，三是康健安宁，四是遵行美德，五是高寿且能善终。另外，还有六种祸殃：一是早亡，二是疾病，三是忧愁，四是贫穷，五是邪恶，六是懦弱。"